Carte du monde de la Francophonie

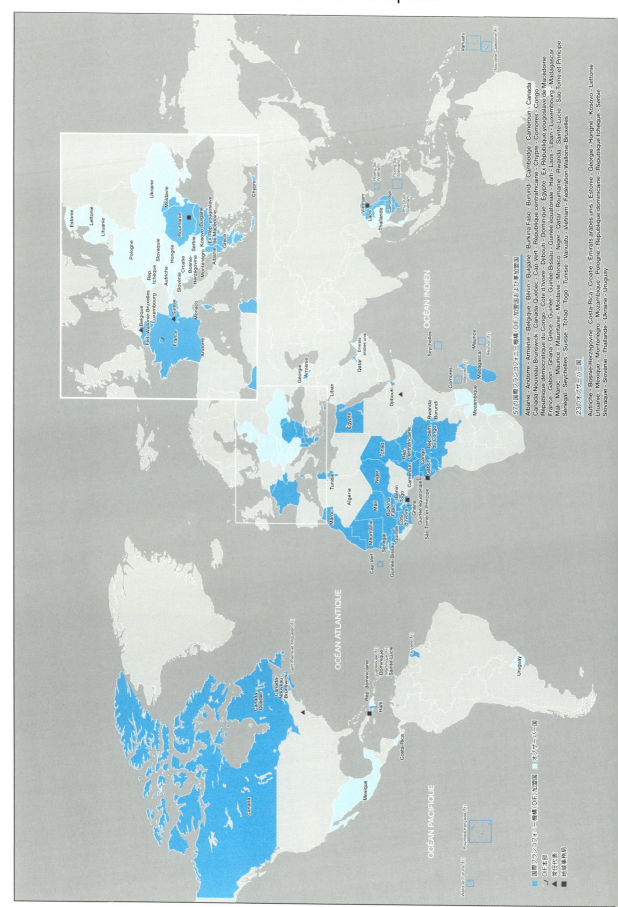

Carte de France

フランスの地域圏（régions）は、2016年1月に22から13に再編されました。またその後、Occitanie、Grand Est、Nouvelle-Aquitaine、Hauts-de-France という新たな名称も生まれました。上記の13の地域圏に加えて、さらに5つの海外地域圏―― Guadeloupe、Martinique、Guyane、La Réunion、Mayotte――があります。

Bonne journée !

Brendan LE ROUX
Takayuki NAKAGAWA

HAKUSUISHA

―― 音声ダウンロード ――

 付属 CD と同じ内容を、白水社ホームページ（http://www.hakusuisha.co.jp/download/）からダウンロードすることができます。（お問い合わせ先：text@hakusuisha.co.jp）

装幀・本文デザイン	森デザイン室
表紙写真	ブルターニュ地方サン＝マロ風景　©yphoto / PIXTA
本文イラスト	水野 朋子
企画編集協力	河合 美和
CD ナレーション	Alice GUERVILLE-BALLÉ　　Roland HALLER Brendan LE ROUX

はじめに

学生の皆さんへ

この教科書の特徴を項目ごとに、簡単にご説明しましょう。

Dialogue

各課どこをとっても、現実にあり得る状況で展開される自然な会話文からできています。先生の指導に従って発音するだけでなく、ひとりの時も繰り返しCDを聴き、声に出すことでフランス語のリズムやイントネーションに早く慣れましょう。

Grammaire

文を理解したり、組み立てたりするために欠かせないのが文法です。煩瑣（はんさ）な枝葉は思い切って切り落とし、エッセンスを重点的にわかりやすく解説しました。

Activités

ディアローグの中で特に重要な言い回しをとりあげています。単語や語句を入れ替えて演じてください。この練習を繰り返せば、表現モデルが確実に身につくでしょう。

Exercices

特に文法の規則を理解するためのコーナーですが、聞き取り問題を配置してあるので、感覚を磨くという点でも有効性を発揮するはずです。

Révision

１）**Structure**

文は単語や語句を正しい位置に置くことによって成り立ちます。文の仕組みが手に取るようにすっきりわかるコーナーです。

２）**Vocabulaire**

重要単語を暗記しやすいようにテーマ別に集めました。これだけあれば日常の会話で、困ることはないでしょう。

３）**Exercices**

習った事柄が一度で身につくということはあり得ないのではないでしょうか。とりわけ語学の場合は反復が何よりも大切です。十分な量の問題を用意しました。本文で学習した項目の定着がこれによって確かなものになるでしょう。

フランス語が好きになった、これからも学習を続けたい、将来フランス語圏の地域に行ってみたい――ひとりでも多くの皆さんが、そう思ってくれることが、著者たちの心からの願いです。この願いが叶えばよいのですが。

2016年秋　著者

Introduction 6
1. Alphabet **2.** 綴り字記号 **3.** 綴りと発音 **4.** 句読記号 **5.** 挨拶の表現

Leçon 1 — C'est un plan de Rennes. 10
1. 名詞の性 **2.** 不定冠詞 (1) **3.** 提示の表現 (1) C'est …
4. Qu'est-ce que c'est ? **5.** de …

Leçon 2 — Il y a un petit métro. 12
1. 名詞の複数形 **2.** 不定冠詞(2) des **3.** 提示の表現 (2) Il y a … **4.** 疑問文の作り方

Leçon 3 — Vous aimez la peinture ? 14
1. 主語人称代名詞と第１群 (-er) 規則動詞 monter/aimer/préférer **2.** 定冠詞

Leçon 4 — Je suis japonaise. 16
1. 動詞 être **2.** 否定文 **3.** 国籍を表す語 **4.** 強勢形人称代名詞

Révision 1   Vocabulaire : 国籍、国名、職業 18

Leçon 5 — J'ai une réservation. 20
1. 動詞 avoir **2.** 所有形容詞 **3.** 補語人称代名詞

Leçon 6 — Nous allons au marché. 22
1. 動詞 aller/venir/sortir **2.** 縮約 **3.** 付加形容詞の位置 **4.** 疑問副詞 où

Révision 2   Vocabulaire : 身のまわりのもの、交通手段、家族 24

Leçon 7 — Je fais de la danse. 26
1. 部分冠詞 **2.** 動詞 faire **3.** 否定のde **4.** 形容詞の性数変化

Leçon 8 — C'est moins populaire que le football. 28
1. 比較級 **2.** 最上級

Révision 3   Vocabulaire : 色、男性第２形を持つ形容詞、形容詞 (人物の形容) 30

Leçon 9 — C'est l'été, donc il fait très chaud. 32
1. 非人称構文 **2.** 否定疑問文と答え方 **3.** 指示形容詞 **4.** 疑問形容詞

Leçon 10 — J'ai très bien dormi ! 34
1. 複合過去 (1) **2.** 過去分詞 (1)

Révision 4   Vocabulaire : 天気、季節、月、曜日 36

Leçon 11 — On est arrivées hier soir. 38
1. 複合過去 (2) **2.** 過去分詞(2) **3.** 主語代名詞 on
4. 動詞 prendre **5.** 疑問副詞 quand

Leçon 12 — Va tout droit ! 40
1. 命令法 **2.** 序数 **3.** 疑問副詞 comment

Révision 5   Vocabulaire : 時を示す表現、場所を示す表現 42

Leçon 13 — On en mange presque tous les jours ! …… 44
1. 中性代名詞 en (1)　2. 中性代名詞 y　3. 動詞 boire

Leçon 14 — Je vais faire du café. …… 46
1. 近接未来　2. 近接過去　3. 中性代名詞 en (2)　4. 疑問副詞 combien
5. 動詞 vouloir / pouvoir / devoir / mettre

Révision 6　Vocabulaire：食べ物・調味料、飲み物、否定の表現 …… 48

Leçon 15 — Je me lève tard aussi ! …… 50
1. 代名動詞　2. 疑問副詞 pourquoi

Leçon 16 — Ne t'inquiète pas ! …… 52
1. 補語人称代名詞 (1) 直接目的　2. 代名動詞の命令形　3. 動詞 attendre / connaître

Révision 7　Vocabulaire：代名動詞、衣類 …… 54

Leçon 17 — Tu lui as parlé ? …… 56
1. 補語人称代名詞 (2) 間接目的　2. 動詞 dire / répondre

Leçon 18 — Elle dormait… …… 58
1. 半過去　2. 半過去の用法

Révision 8　Vocabulaire：日常生活、趣味、決まり文句 …… 60

Leçon 19 — C'est un musicien qu'elle aime. …… 62
1. 関係代名詞　2. 動詞 voir

Leçon 20 — Si tu venais, ils seraient contents ! …… 64
1. 条件法　2. 条件法の用法 (1) 仮定法・婉曲表現

Révision 9　Vocabulaire：家・その他、さまざまな場所、身体 …… 66

Leçon 21 — Je vais économiser en travaillant. …… 68
1. ジェロンディフ　2. 単純未来　3. 動詞 partir

Leçon 22 — Il faut que je réserve un hôtel. …… 70
1. 接続法　2. 接続法の用法

Leçon 23 — Il m'a dit qu'il serait absent. …… 72
1. 話法　2. 条件法の用法 (2) 過去における未来

Révision 10　Vocabulaire：基本文型 …… 74

Appendice …… 76
1. 疑問文　2. 疑問代名詞　3. 疑問副詞　4. 関係代名詞
5. 代名動詞の複合過去　6. 受動態　7. 形容詞の性数変化のパターン

数詞 …… 80

Introduction

1. Alphabet CD 02

A	a	B	b	C	c	D	d	E	e	F	f
G	g	H	h	I	i	J	j	K	k	L	l
M	m	N	n	O	o	P	p	Q	q	R	r
S	s	T	t	U	u	V	v	W	w	X	x
Y	y	Z	z	他にoとeが合体したŒ œがあります。							

2. 綴り字記号

accent aigu（アクサン・テギュ）	é	café musée
accent grave（アクサン・グラーヴ）	à è ù	voilà mère où
accent circonflexe（アクサン・スィルコンフレックス）	â ê î ô û	âge
tréma（トレマ）	ë ï ü	Noël
cédille（セディーユ）	ç	français ça
apostrophe（アポストロフ）	'	l'ami
trait d'union（トレ・デュニオン）	-	Notre-Dame

3. 綴りと発音

1) 単母音字 CD 03

① a / à / â [a]　　ami là âge
② e [ɛ]　　sel
　　[ə]　　petit
　　[発音しない]　　lune
③ é [e]　　café été
　　è / ê [ɛ]　　crème crêpe
④ i / î / y [i]　　lit île type
⑤ o / ô [o]　　mot tôt
　　[ɔ]　　carotte
⑥ u / û [y]　　jus sûr

2) 複合母音字 CD 03'

① ai / ei [ɛ] [e]	maison Seine
② au / eau [o]	restaurant beaujolais
③ eu / œu [ø]	bleu
eu / œu [œ]	sœur
④ ou / où / oû [u]	doux où août
⑤ oi [wa]	croissant moi

3) 母音字＋n / m（鼻母音） CD 03'

① an / am en / em [ã]	France vent
② in / im yn / ym [ɛ̃]	vin symphonie
ain / aim ein / eim [ɛ̃]	pain peinture
③ un / um [œ̃]	lundi

4) 半母音 CD 03'

① ill [ij]	fille famille
② ail(l) [aj]	travail
③ eil(l) [ɛj]	soleil merveille
④ euil(l) [œj]	feuille
⑤ ouil(l) [uj]	bouillon

5) 子音字 CD 04

① 語末の子音字は多くの場合、発音しません。
　　quand beaucoup Paris sport
② h は発音しません (例：cahier [kaje])。しかし、語頭の h については有音、無音の区別があります。
　　　無音の h ＝母音と見なす　homme
　　　有音の h ＝子音と見なす　†haricot

Introduction

③ ca / co / cu [k]	café copine cube
ça / ço / çu [s]	ça leçon reçu
ce / ci / cy [s]	glace ici cycle
ch [ʃ]	chat chemin
④ ga / go / gu [g]	gare gomme aigu
ge / gi / gy [ʒ]	rouge gilet
gn [ɲ]	cognac Bretagne
⑤ ph [f]	pharmacie photo
⑥ qu [k]	banque quiche
⑦ 母音＋s＋母音 [z]	désert maison
母音＋ss＋母音 [s]	dessert passeport
⑧ th [t]	thé théâtre

6) liaison リエゾン CD 05

本来発音されない語末の子音字を後続語の語頭の母音 (母音字または無音の h) とつなげて発音します。

un ami　　　des amis　　　　vous avez　　　　des hommes　　　＊ des haricots [de ariko]
[n]　　　　　[z]　　　　　　　[z]　　　　　　　[z]

7) enchaînement アンシェヌマン CD 05'

語末の子音を後続語の語頭の母音 (母音字または無音の h) とつなげて発音します。

il est [ilɛ]　　　　elle a [ɛla]　　　　quel âge [kɛlɑʒ]

8) élision エリズィヨン CD 05'

ce / de / je / la / le / me / ne / que / se / si / te は、後続語の語頭に母音 (母音字または無音の h) がある場合、吸収されて　c' / d' / j' / l' / m' / n' / qu' / s' / t' となります。

　ce + est → c'est　　　je + ai → j'ai　　　la + Italie → l'Italie
　(si は il / ils の場合のみ : s'il / s'ils, si elle / si elles はそのまま)

4. 句読記号

.	point	!	point d'exclamation
,	virgule	…	points de suspension
;	point-virgule	« »	guillemets
:	deux points	( )	parenthèses
?	point d'interrogation		

5. 挨拶の表現 CD 06

Bonjour.	– Merci beaucoup.
Bonsoir.	– De rien.
Salut !	
Enchanté(e).	– Ça va ?
	– Oui, ça va. Et toi ?
Excusez-moi.	
	– Je suis désolé(e).
Au revoir.	– Ça ne fait rien.
A bientôt.	
	– Comment allez-vous ?
Bonne journée.	– Très bien, merci. Et vous ?
Bonne soirée.	
S'il vous plaît.	
D'accord.	

Leçon 1 : C'est un plan de Rennes.

CD 07

(レンヌ駅で)

Miki : Excusez-moi Monsieur, qu'est-ce que c'est, ça ?
L'employé : Ça ? C'est une carte de la Bretagne.
Miki : Une carte ? Ah bon, d'accord… Et ça, qu'est-ce que c'est ?
L'employé : Ça ? C'est un plan de Rennes.
Miki : Ah oui, très bien !

Grammaire

1. 名詞の性

すべての名詞には性別があります。必ず、男性か女性かのどちらかです。

男性	plan	métro
女性	carte	ligne

2. 不定冠詞 (1)　「あるひとつの〜」

男性	**un**	***un*** plan
女性	**une**	***une*** carte

3. 提示の表現 (1)　**C'est …**　「これ / あれは〜です」　CD 08

C'est un métro.　***C'est*** une gare.

◆ リエゾン (*p.8 Introduction* 参照)　C'est un …　　C'est une …
　　　　　　　　　　　　　　　　　　　　[t]　　　　　　[t]

4. **Qu'est-ce que c'est ?**　「これ / あれは何ですか？」　CD 08'

Qu'est-ce que c'est ?　　– C'est un restaurant.

5. **de …**　「〜の」

carte *de* la Bretagne
plan *de* Rennes

Expressions

□ 呼びかけるときの言い方

Excusez-moi Monsieur, … （男性に対して）

Excusez-moi Madame, … （大人の女性に対して）

Excusez-moi Mademoiselle, … （若い女性に対して）

□ 数字 1 ～ 10 **CD** 09

| 1 | un | 2 | deux | 3 | trois | 4 | quatre | 5 | cinq |
| 6 | six | 7 | sept | 8 | huit | 9 | neuf | 10 | dix |

Activités **CD** 10

単語の意味を調べ、例にならって会話しましょう。

 Qu'est-ce que c'est, ça ?

Ça ? C'est *un café*.

1) musée (*m*)　　2) piscine (*f*)
3) passeport (*m*)　　4) clé (*f*)

＊ (*m*) は男性名詞、(*f*) は女性名詞

Exercices

1. 不定冠詞 un, une を書きましょう。

   1) _____ taxi (*m*)　　2) _____ chambre (*f*)
   3) _____ rue (*f*)　　4) _____ hôtel (*m*)

2. 不定冠詞を書き、文を発音しましょう。

   1) C'est _____ guide. (*m*)　　2) C'est _____ valise. (*f*)
   3) C'est _____ avion. (*m*)　　4) C'est _____ photo. (*f*)

3. CD を聞き、読まれた数を書きましょう。 **CD** 11

   ⓐ _____　　ⓑ _____　　ⓒ _____
   ⓓ _____　　ⓔ _____　　ⓕ _____

Leçon 2 : Il y a un petit métro.

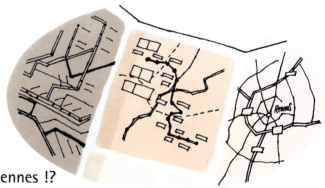

CD 12
(駅のレンヌ市街図の前で)

Miki : Il y a un métro à Rennes !?

L'employé : Oui, il y a un petit métro. Mais il y a juste une ligne !

Miki : Ah bon ? Et est-ce qu'il y a des bus ?

L'employé : Oui, bien sûr, il y a aussi des bus.

Grammaire

1. 名詞の複数形

単数形 + **s** = 複数形   plan → plan**s**   ◆ この s は発音しません。

2. 不定冠詞 (2) **des** 「複数の〜」 CD 13

un plan → **des** plans   une carte → **des** cartes

C'est un plan de Paris. → Ce sont **des** plans de Paris.

3. 提示の表現 (2) **Il y a ...** 「〜がある / いる」 CD 13'

Il y a un métro.   *Il y a* des métros.

4. 疑問文の作り方 CD 13'

1) 平叙文の語尾を上げて発音します。   Il y a un métro **?**

2) 文頭に Est-ce que (qu') をつけます。   ***Est-ce qu'***il y a un métro **?**

◆ 倒置疑問文については *p.76 Appendice* 参照

Expressions

☐ 副詞

mais	「しかし」	
Et	(文頭で)「それで」	
juste ...	「ただ〜だけ」	*juste* une ligne
aussi	「〜もまた」	*aussi* des bus

☐ 数字 11 〜 20 **CD** 14

| 11 **onze** | 12 **douze** | 13 **treize** | 14 **quatorze** | 15 **quinze** |
| 16 **seize** | 17 **dix-sept** | 18 **dix-huit** | 19 **dix-neuf** | 20 **vingt** |

Activités **CD** 15

単語の意味を調べ、例にならって会話しましょう。

Il y a *un métro* ?

Oui, mais il y a juste *une ligne*.

1) un magasin / une supérette　　2) un restaurant / un libre-service

Est-ce qu'il y a *des bus* ?

Oui, bien sûr, il y a aussi *des bus*.

1) des menus　　　2) des stades

Exercices

1. 複数形に書き換えましょう。
    1) C'est un portable. _____　　2) C'est une tablette. _____
    3) Il y a un restaurant. _____　　4) Il y a une supérette. _____

2. Est-ce que (qu') を使った疑問文に書き換えましょう。
    1) C'est une carte de la Bretagne ? _____
    2) Il y a des hôtels ? _____

3. CD を聞き、読まれた数を書きましょう。 **CD** 16
    [例] *Trois* plus *quatre* égalent *sept*.　__3__ + __4__ = __7__
    ⓐ ____ + ____ = ____　　ⓑ ____ + ____ = ____
    ⓒ ____ + ____ = ____　　ⓓ ____ + ____ = ____

Leçon 3 Vous aimez la peinture ?

CD 17
(タクシー乗り場で)

Le Chauffeur : Vous montez ?
Miki : Oui, oui !

(タクシーの中で)

Le Chauffeur : Ah ! Là, c'est le musée de Bretagne ! Vous aimez la peinture ?
Miki : Oui, j'aime beaucoup ça. J'adore les peintures de Van Gogh !
Le Chauffeur : Tenez, et ici c'est la piscine Saint-Georges. Vous aimez la natation ?
Miki : Oui, j'aime bien ça. Mais je préfère la danse ou le tennis.

Grammaire

1. 主語人称代名詞と第1群(-er)規則動詞 monter / aimer / préférer CD 18
「(乗り物に)乗る/登る」「好きだ」「より好きだ」

je (j') 私は	nous 私たちは		
tu 君は	vous あなた(たち)/君たちは		
il 彼は	ils 彼らは		
elle 彼女は	elles 彼女らは		

monter
je **monte**	nous **montons**
tu **montes**	vous **montez**
il **monte**	ils **montent**
elle **monte**	elles **montent**

aimer
j' **aime**	nous **aimons**
tu **aimes**	vous **aimez**
il **aime**	ils **aiment**
elle **aime**	elles **aiment**

préférer
je **préfère**	nous **préférons**
tu **préfères**	vous **préférez**
il **préfère**	ils **préfèrent**
elle **préfère**	elles **préfèrent**

2. 定冠詞

	単数		複数
男性	le	l'	les
女性	la		

◆ 母音字または無音のhの前ではl'を用います。

1) 特定・唯一のもの　　*le* musée de Bretagne, *les* peintures de Van Gogh, *le* soleil
2) 総称・一般　　　　　*la* peinture, *la* natation, *le* tennis, *l'* opéra

Expressions

□ 「好き」の度合い

aimer bien < aimer beaucoup < adorer   J'*aime* le cinéma. J'*adore* la danse.

préférer A à B   「BよりAの方が好きだ」   Je *préfère* le jazz *à* la pop.

□ 数字 30 ～ 100 CD 19

| 30 **trente** | 40 **quarante** | 50 **cinquante** | 60 **soixante** |
| 70 **soixante-dix** | 80 **quatre-vingts** | 90 **quatre-vingt-dix** | 100 **cent** |

Activités CD 20

単語の意味を調べ、例にならって会話しましょう。

Vous aimez *la peinture* ?

Oui, j'aime bien ça.

1) le sport   2) le cinéma   3) la musique   4) les voyages

Tu aimes *la natation* ?

Oui, j'aime bien ça. Mais je préfère *la danse ou le tennis*.

1) la bière / le vin ou le saké   2) le café / le thé ou le lait
3) le bœuf / le porc ou le poulet   4) le baseball / le football ou le rugby

Exercices

1. 適切な定冠詞を書きましょう。

   1) _____ musée d'Orsay (*m*)   2) _____ tour Eiffel (*f*)
   3) _____ Arc de Triomphe (*m*)   4) _____ Champs-Élysées (*m pl*)

   * (*pl*) は複数形

2. 動詞の活用形を書きましょう。

   parler   Tu _____ français ?   – Oui, je _____ français.
   habiter   Vous _____ à Rennes ?   – Oui, nous _____ à Rennes.
   chanter   Elle _____ bien ?   – Oui, elle _____ très bien.
   travailler Ils _____ ?   – Oui, ils _____ .

3. CD を聞き、読まれた数を書きましょう。 CD 21

   [例] *Dix* plus *vingt* égalent *trente*.   10 + 20 = 30

   ⓐ ____ + ____ = ____   ⓑ ____ + ____ = ____
   ⓒ ____ + ____ = ____   ⓓ ____ + ____ = ____

Leçon 4 : Je suis japonaise.

CD 22
(タクシーの中で)

Le chauffeur : Au fait, vous êtes coréenne ?
Miki : Non, je ne suis pas coréenne.
　　　　　Mais presque : je suis japonaise.
Le chauffeur : Ah bon ! Moi, je suis de Casablanca.
　　　　　Mais... je ne suis pas marocain ! Je suis français !

Grammaire

1. 動詞 être　「〜だ / 〜にいる（ある）」　**CD 23**

être			
je	suis	nous	sommes
tu	es	vous	êtes
il	est	ils	sont
elle	est	elles	sont

Je *suis* français.
Je *suis* de Paris.
Miki *est* là ?
Nous *sommes* à Rennes.

2. 否定文　**CD 23'**

〈 **ne (n')** +　動詞　+　**pas** 〉

je	*ne*	suis	*pas*	nous	*ne* sommes	*pas*
tu	*n'*	es	*pas*	vous	*n'* êtes	*pas*
il	*n'*	est	*pas*	ils	*ne* sont	*pas*
elle	*n'*	est	*pas*	elles	*ne* sont	*pas*

C'est un musée.　→ Ce *n'*est *pas* un musée.
Tu es français ?　– Non, je *ne* suis *pas* français.

3. 国籍を表す語 CD 23′

主語の性数に応じて以下のように変化します。

男性単数	allemand	japonais	suisse	coréen
女性単数	allemande	japonaise	suisse	coréenne
男性複数	allemands	japonais	suisses	coréens
女性複数	allemandes	japonaises	suisses	coréennes

Il est japonais.　　　Ils sont japonais.

Elle est japonaise.　　Elles sont japonaises.

4. 強勢形人称代名詞 CD 23′

人称を強調する働きをします。

私	君	彼	彼女	私たち	あなた(方)	彼ら	彼女ら
moi	toi	lui	elle	nous	vous	eux	elles

Je suis japonais. Et *toi* ? – *Moi*, je suis brésilienne.

Activités CD 24

単語の意味を調べ、例にならって話しましょう。

 Moi, je suis de *Casablanca*. Mais je ne suis pas *marocain*. Je suis *français*.

1) lui / Montréal / canadien / anglais

2) eux / Rome / italiens / espagnols

Exercices

1. 肯定と否定で答えましょう。

1) Tu es italien ?　　Oui,

　　　　　　　　　　Non,

2) Sophie est française ?　Oui,

　　　　　　　　　　　　Non,

3) Vous êtes brésiliens ?　Oui,

　　　　　　　　　　　　Non,

4) Ils sont japonais ?　　Oui,

　　　　　　　　　　　Non,

2. CDを聞き、読まれた文を書きましょう。 CD 25

1)　　　　　　　　　　　2)

3)　　　　　　　　　　　4)

Révision 1 (〜 Leçon 4)

Structure

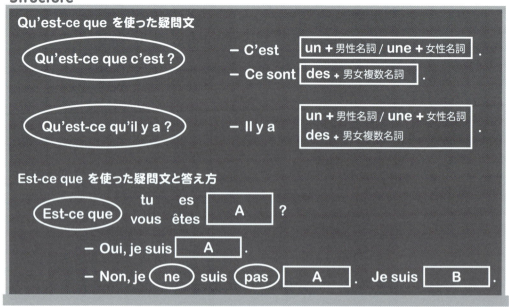

Vocabulaire

☐ 国籍

algérien(ne)	アルジェリア（人）の
allemand(e)	ドイツ（人）の
américain(e)	アメリカ（人）の
anglais(e)	イギリス（人）の
belge	ベルギー（人）の
canadien(ne)	カナダ（人）の
chinois(e)	中国（人）の
coréen(ne)	韓国（人）の
espagnol(e)	スペイン（人）の
français(e)	フランス（人）の
japonais(e)	日本（人）の
italien(ne)	イタリア（人）の
sénégalais(e)	セネガル（人）の
tunisien(ne)	チュニジア（人）の

☐ 国名

la France	フランス
la Chine	中国
la Corée	韓国
l'Italie	イタリア
l'Espagne	スペイン
l'Allemagne	ドイツ
le Japon	日本
le Canada	カナダ
les États-Unis	アメリカ合衆国

☐ 職業

acteur / actrice	俳優
chanteur / chanteuse	歌手
cuisinier / cuisinière	料理人
employé(e)	会社員
étudiant(e)	学生
fonctionnaire	公務員
journaliste	ジャーナリスト
lycéen(ne)	高校生
médecin	医者
musicien(ne)	音楽家
pâtissier / pâtissière	菓子職人
pianiste	ピアニスト
professeur	教師

Exercices

1. un / une / des / le / la / l' / les のいずれかを書きましょう。

1) C'est _____ musée.
2) J'aime _____ tennis.
3) Elle adore _____ opéra.
4) Ce sont _____ restaurants.
5) Il y a _____ piscine.
6) C'est _____ gare de Rennes.
7) Tu aimes _____ peintures de Monet ?
8) Il y a _____ hôtels ?

2. 質問に〈Non〉で答えましょう。

1) Tu es anglais ?   – Non, je _____ .
2) Ce sont des hôtels ?   – Non, ce _____ .
3) Vous êtes chinois ?   – Non, nous _____ .
4) Il aime le football ?   – Non, il _____ .

3. aimer / chercher / dîner / monter / parler / préférer の中から文意に合った動詞を選び、活用形を書きましょう。

1) Je _____ le musée de Bretagne.　ブルターニュ美術館を探しています。
2) Tu _____ la musique ?　音楽は好き？
3) Elle _____ très bien français.　フランス語をとても上手に話します。
4) Nous _____ dans un restaurant ce soir.　今夜はレストランで夕食をとります。
5) Vous _____ ?　（タクシーに）お乗りになりますか？
6) Ils _____ le poisson à la viande.　肉料理より魚料理の方が好きです。

4. 例にならい、強勢形人称代名詞と être の活用形を書きましょう。

［例］ _____ , nous _____ anglais.　Nous, nous sommes anglais.

1) _____ , je _____ japonais.
2) _____ , tu _____ français.
3) _____ , il _____ italien.
4) _____ , ils _____ chinois.

5. 女性形に書き換えましょう。

1) Il est japonais.   Elle est _____ .
2) Il est italien.   Elle est _____ .
3) Il est russe.   Elle est _____ .
4) Ils sont anglais.   Elles sont _____ .
5) Ils sont belges.   Elles sont _____ .
6) Ils sont canadiens.   Elles sont _____ .

Leçon 5 — J'ai une réservation.

CD 26

（ホテルのフロントで）

Miki	: Bonjour, je m'appelle Miki Sato, j'ai une réservation, s'il vous plaît.
Le réceptionniste	: Très bien. Vous avez votre passeport, s'il vous plaît ?
Miki	: Mon passeport ? Bien sûr ! Un instant… Le voilà !
Le réceptionniste	: Merci bien… Voici la clé de votre chambre.

Grammaire

1. 動詞 avoir 「持っている」 **CD** 27

avoir			
j'	ai	nous	avons
tu	as	vous	avez
il	a	ils	ont
elle	a	elles	ont

J'*ai* un sac.
Tu *as* des frères et sœurs ?
Elle *a* dix-huit ans.

〈否定形〉

je	n'	ai	*pas*	nous	n'	avons	*pas*
tu	n'	as	*pas*	vous	n'	avez	*pas*
il	n'	a	*pas*	ils	n'	ont	*pas*
elle	n'	a	*pas*	elles	n'	ont	*pas*

◆ 目的語（〜を）につく不定冠詞は、否定文中で **de (d')** に変化します。（*p.26 Leçon 7* 参照）

J'ai *une* réservation.　　　　　→ Je n'ai pas *de* réservation.
Nous avons *des* chambres libres.　→ Nous n'avons pas *de* chambres libres.

2. 所有形容詞 CD 27′

	男性単数	女性単数	複数
私の	mon	ma (mon)	mes
君の	ton	ta (ton)	tes
彼(女)の	son	sa (son)	ses

	男女単数	複数
私たちの	notre	nos
あなた(方)の	votre	vos
彼(女)らの	leur	leurs

mon passeport　　*ma* clé　　*mes* bagages

◆ 語頭が母音字や無音の h の女性単数名詞の前では、ma, ta, sa ではなく、mon, ton, son を使います。　　ma amie → *mon* amie

3. 補語人称代名詞 CD 27′

男性単数「それ/彼」	女性単数「それ/彼女」	男女複数「それら/彼ら・彼女ら」
le	la	les

Voilà mon passeport.　　→ *Le* voilà.

Voilà ma carte d'identité.　→ *La* voilà.

Voilà mes papiers.　　　→ *Les* voilà.

ACTIVITÉS　CD 28

単語の意味を調べ、例にならって会話しましょう。

 Vous avez *votre passeport*, s'il vous plaît ?

　　　　　　　　　　　　Mon passeport ? *Le* voilà.

1) vos papiers　　　　2) l'adresse de Sophie

3) ses coordonnées　　4) son numéro de téléphone

EXERCICES

1. 肯定と否定で答えましょう。

　1) Tu as un smartphone ?　　– Oui, _____.
　　　　　　　　　　　　　　– Non, _____.

　2) Elles ont une réservation ?　– Oui, _____.
　　　　　　　　　　　　　　– Non, _____.

　3) Vous avez des bagages ?　– Oui, nous _____.
　　　　　　　　　　　　　　– Non, nous _____.

　4) Il y a une piscine ?　　　– Oui, _____.
　　　　　　　　　　　　　　– Non, _____.

2. CD を聞き、所有形容詞を書きましょう。 CD 29

　1) Voilà _____ chambre.　　2) Voilà _____ stylo.

　3) Voilà _____ appartement.　4) Voilà _____ hôtel.

Leçon 6 : Nous allons au marché.

CD 30
(ホテルのロビーで)

L'employé : Bonjour ! Vous êtes en vacances ?
　　　　　　　Vous venez d'où ? Du Japon ?
Miki : Oui, c'est ça. Ma sœur vient de Tokyo, et moi je viens de Yokohama.
L'employé : Ah bon ? C'est vrai ? Justement, je voudrais aller au Japon l'été prochain ! Ah, vous sortez ?
Miki : Oui, nous allons à la cathédrale et au marché.
L'employé : Très bien ! Bonne journée !

Grammaire

1. 動詞 aller / venir / sortir 「行く」「来る」「外出する」 CD 31

aller		venir		sortir	
je **vais**	nous **allons**	je **viens**	nous **venons**	je **sors**	nous **sortons**
tu **vas**	vous **allez**	tu **viens**	vous **venez**	tu **sors**	vous **sortez**
il **va**	ils **vont**	il **vient**	ils **viennent**	il **sort**	ils **sortent**
elle **va**	elles **vont**	elle **vient**	elles **viennent**	elle **sort**	elles **sortent**

2. 縮約 CD 31'

前置詞 à, de の後に定冠詞 le, les が続くと合体して 1 語になります。

　　　à le　　　→ *au*　　　　Je vais *au* marché.
　　　à les　　 → *aux*　　　 Je vais *aux* toilettes.
　　　à la / à l'　→ そのまま　 Je vais *à la* cathédrale [*à l'* église].
　　◆ 目的地が女性国名の時： Je vais *en* France. (← à la France)
　　　de le　　→ *du*　　　　Je viens *du* marché.
　　　de les　 → *des*　　　 Je viens *des* toilettes.
　　　de la / de l'　→ そのまま　 Je viens *de la* cathédrale [*de l'* église].
　　◆ 出発地が女性国名の時： Je viens *de* France [*d'* Espagne].

3. 付加形容詞の位置

1) 一般的な語順：名詞＋形容詞

l'été *prochain*   une voiture *française*

2) 少数のケース：形容詞＋名詞

un *petit* hôtel   le *Grand* Bleu

4. 疑問副詞 où 「どこ / どこへ」 CD 31'

Tu vas *où* ?   Tu viens *d'où* ?

Expressions

1) Je voudrais ... 「〜したい / 〜が欲しい」(Je veux ...) の丁寧な言い方。

Je *voudrais* un café, s'il vous plaît.

2) 形容詞 bon

	単数	複数
男性	bon	bon*s*
女性	bon*ne*	bon*nes*

C'est un *bon* livre.   Ce sont de *bons* livres.

C'est une *bonne* idée.   *Bonnes* vacances !

◆ 形容詞＋名詞の語順の場合、不定冠詞複数形 des は **de** (**d'**) になります。

Activités CD 32

単語の意味を調べ、例にならって会話しましょう。

Vous venez d'où ? Du Japon ?

Non, je viens de *São Paulo*, *au Brésil*.

1) le Canada / Mexico / le Mexique   2) la France / Rome / l'Italie

3) les États-Unis / Amsterdam / les Pays-Bas

Exercices

1. 必要に応じて下線部を正しい形にし、全文を書きましょう。

1) Je vais <u>à le</u> marché.

2) Je viens <u>de le</u> musée.

3) Tu vas <u>à les</u> Invalides ?

4) Tu viens <u>de les</u> Champs-Élysées ?

5) Elle va <u>à la</u> mer.

2. CD を聞き、読まれた文を書きましょう。 CD 33

1) _____ 2) _____

3) _____ 4) _____

Révision 2 (～ Leçon 6)

Structure

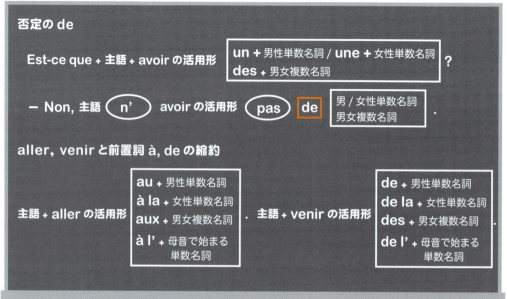

Vocabulaire

☐ 身のまわりのもの

agenda (*m*)	手帳
cahier (*m*)	ノート
crayon (*m*)	鉛筆
dictionnaire (*m*)	辞書
gomme (*f*)	消しゴム
livre (*m*)	本
marqueur (*m*)	マーカー
ordinateur (*m*)	パソコン
portable (*m*)	携帯電話
règle (*f*)	定規
stylo (*m*)	ペン
sac (*m*)	鞄

☐ 交通手段

en avion	飛行機で
en bus	バスで
en métro	地下鉄で
en train	電車で
en voiture	車で
en moto	バイクで
en taxi	タクシーで
à pied	歩いて
à / en vélo	自転車で

☐ 家族

enfant (*m/f*)	子供
fille (*f*)	娘
fils (*m*)	息子
frère (*m*)	兄弟
sœur (*f*)	姉妹
grands-parents (*m pl*)	祖父母
grand-père (*m*)	祖父
grand-mère (*f*)	祖母
parents (*m pl*)	両親
père (*m*)	父
mère (*f*)	母
cousin(e)	従兄弟 (従姉妹)
oncle (*m*)	伯父
tante (*f*)	伯母
petits-enfants (*m pl*)	孫たち

Exercices

1. 質問に否定で答えましょう。

1) Tu as un stylo ?   – Non, _____ stylo.
2) Elle a des lunettes ?   – Non, _____ lunettes.
3) Ils ont une réservation ? – Non, _____ réservation.
4) Il y a un parking ?   – Non, _____ parking.
5) C'est un parking ?   – Non, _____ parking.
6) Ce sont des hôtels ?   – Non, _____ hôtels.

2. 適切な所有形容詞を書きましょう。

1) C'est votre passeport ?   – Oui, _____ passeport.
2) C'est ma clé ?   – Non, _____ clé.
3) C'est le sac de ta mère ?   – Oui, _____ sac.
4) C'est la valise de votre ami ?   – Non, _____ valise.
5) Ce sont les bagages de Miki ?   – Oui, _____ bagages.
6) Ce sont tes livres ?   – Non, _____ livres.

3. 下線部の語句を le / la / les で書き換えましょう。

1) Voici <u>mon portable</u>.   → _____
2) Voilà <u>sa fiancée</u>.   → _____
3) Voici <u>mes coordonées</u>.   → _____
4) Voilà <u>mon amie Miki</u>.   → _____

4. aller の活用形と à / au / à la / à l' / aux / en のいずれかを書きましょう。

1) Je _____ café.   2) Tu _____ France ?
3) Il _____ toilettes.   4) Nous _____ Paris.
5) Vous _____ piscine ? 6) Ils _____ école.

5. venir の活用形と de / du / de la / de l' / des / d' のいずれかを書きましょう。

1) Je _____ Quimper.   2) Tu _____ toilettes ?
3) Il _____ cinéma.   4) Nous _____ Italie.
5) Vous _____ gare ?   6) Ils _____ aéroport.

Leçon 7 — Je fais de la danse.

CD 34
(レンヌスタジアムのポスターの前で)

L'employé : Au Japon, beaucoup de monde fait du football ?

Miki : Assez, oui.
Mais moi, je ne fais pas de foot. C'est trop fatigant !

L'employé : Qu'est-ce que vous faites comme activité alors ?

Miki : Je fais de la danse. C'est très relaxant ! Et ma sœur, elle fait de l'aïkido. Elle est très forte. Elle est ceinture noire !

Grammaire

1. 部分冠詞 「ある量の〜」
不特定の数えられない名詞につけます。

男性	du	de l'
女性	de la	

du café   *de l'*argent   *du* football
de la soupe   *de l'*eau   *de la* natation

2. 動詞 faire 「つくる/〜する」 CD 35

faire	
je **fais**	nous **faisons**
tu **fais**	vous **faites**
il **fait**	ils **font**
elle **fait**	elles **font**

Je *fais* des gâteaux [*du* café].
Je *fais* la cuisine [*le* ménage / *les* courses].
Je *fais* du tennis [*de la* danse / *du* français].

3. 否定の de CD 35'
直接目的語(〜を)につく不定冠詞・部分冠詞は、否定文中で **de** (d') に変わります。

    Je fais *des* gâteaux.   →   Je ne fais pas *de* gâteaux.
    Je fais *du* foot [*de la* danse].   →   Je ne fais pas *de* foot [*de* danse].

4. 形容詞の性数変化 CD 35'
主語や修飾する名詞の性と数に応じて語尾が変わります。

    Il est fort.   Ils sont fort**s**.
    Elle est fort**e**.   Elles sont fort**es**.

◆ 形容詞の性数変化のパターンについては *p.79 Appendice* 参照

EXPRESSIONS

□ 程度・数量の表現

1) 動詞 + beaucoup 「とても〜である/たくさん〜する」 / beaucoup de + 名詞 「たくさんの」

   J'aime **beaucoup** le cinéma.   Il mange **beaucoup**.

   Il y a **beaucoup de** monde.   Il mange **beaucoup de** chips.

2) assez + 形容詞 「十分に」 / assez de + 名詞 「十分な数(量)の」

   Cette chambre est **assez** grande.   J'ai **assez d'**argent pour aller en France.

3) trop + 形容詞 「あまりに」 / trop de + 名詞 「あまりに多くの」

   Ce pantalon est **trop** grand.   Il y a **trop de** monde.

ACTIVITÉS CD 36

単語の意味を調べ、例にならって会話しましょう。

  Qu'est-ce que vous faites comme activité ?

   Je fais de la *danse*. C'est très *relaxant*.

   1) natation (f) / bon pour la santé   2) aérobic (m) / amusant

  Au Japon, beaucoup de monde fait du *football* ?

   Oui, mais moi, je ne fais pas de *football*. C'est trop *fatigant*.

   1) judo (m) / dangereux   2) boxe (f) / violent

EXERCICES

1. 質問文の下線部に適切な部分冠詞を書き、否定で答えましょう。

   1) Tu fais _____ tennis ?   – Non, je _____ .
   2) Elle fait _____ français ?   – Non, elle _____ .
   3) Tu as _____ argent ?   – Non, je _____ .
   4) Il y a _____ eau ?   – Non, il _____ .

2. 形容詞を適切な形にして書きましょう。

   1) rouge   C'est une cravate _____ .
   2) bleu   C'est une chemise _____ .
   3) noir   Ce sont des sacs _____ . (m)
   4) brun   Ce sont des chaussures _____ . (f)

3. CD を聞き、読まれた文を書きましょう。 CD 37

   1) _____   2) _____
   3) _____ jupe _____   3) _____

   (p.54 Vocabulaire 参照)

Leçon 8 : C'est moins populaire que le football.

CD 38

(道で)

Miki : Il paraît que le judo est très populaire en France ?

L'employé : Oui, c'est vrai. Mais c'est moins populaire que le football ou le tennis.

Miki : Ah bon ? Le tennis est plus populaire que le judo ?

L'employé : Oui, mais le sport le plus pratiqué, c'est quand même le football !

Grammaire

1. 比較級 CD 39

1) 優等比較 (A>B)　plus + 形容詞 + que …

Le football est **plus** populaire **que** le tennis.

2) 同等比較 (A=B)　aussi + 形容詞 + que …

Le football est **aussi** populaire **que** le rugby.

3) 劣等比較 (A<B)　moins + 形容詞 + que …

Le football est **moins** populaire **que** le baseball.

◆ 形容詞 bon(ne) の優等比較級：meilleur

C'est plus bon. → C'est **meilleur**.

◆ 副詞 bien の優等比較級：mieux

C'est plus bien. → C'est **mieux**.

2. 最上級 CD 39'

le / la / les plus + 形容詞

Le football, c'est le sport **le plus** pratiqué en France.

Paris, c'est la ville **la plus** visitée du monde.

◆ 形容詞 bon(ne) の最上級：le meilleur / la meilleure

C'est le plus bon restaurant. → C'est **le meilleur** restaurant de Paris.

◆ 副詞 bien の最上級：le mieux

Miki chante le plus bien. → Miki chante **le mieux** de la famille.

Expressions

1) Il paraît que ... 「〜と言われている / 〜らしい (paraître)」

   Il paraît que sa femme est française.

2) quand même 「それでも（とにかく）」

   L'alcool n'est pas bon pour la santé, mais il boit *quand même*.

Activités CD 40

単語の意味を調べ、例にならって会話しましょう。

 Le football est un sport très pratiqué.

Le sport *le plus pratiqué*, c'est le football.

1) La tour Eiffel est un monument très visité.

   → Le monument _____ , c'est la tour Eiffel.

2) Jessica Alba est une actrice très célèbre.

   → L'actrice _____ , c'est Jessica Alba.

3) Lionel Messi est un très bon footballeur.

   → _____ footballeur, c'est Lionel Messi.

4) Shibuya est un quartier très animé.

   → Le quartier _____ , c'est Shibuya.

Exercices

1. 例にならって比較級の文にしましょう。

［例］ Le football est très populaire. (> le tennis)

   → Le football est plus populaire que le tennis.

1) Le métro est très pratique. (> le bus)

   → Le métro est _____ que le bus.

2) Le vin est très bon. (> la bière)

   → Le vin est _____ que la bière.

3) La tour Eiffel est très haute. (< la tour Tokyo Skytree)

   → La tour Eiffel est _____ que la tour Tokyo Skytree.

4) Le français est très difficile. (= l'anglais)

   → Le français est _____ que l'anglais.

2. CD を聞き、読まれた文を書きましょう。 CD 41

   1) _____

   2) _____

   3) _____ pantalon _____ *(p.54 Vocabulaire 参照)*

Révision 3 (～ Leçon 8)

Structure

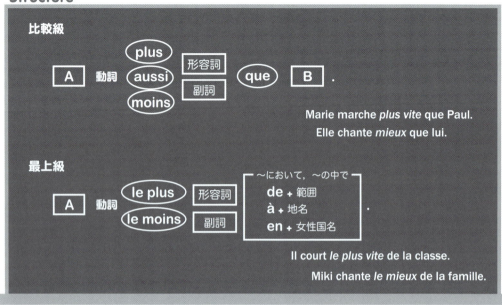

Vocabulaire

□ 色

blanc / blanche	白色の
bleu(e)	青色の
brun(e)	茶色の (髪の色のみに使う)
gris(e)	灰色の
jaune	黄色の
marron (不変化)	茶色の
noir(e)	黒色の
orange	オレンジ色の
rose	バラ色の
rouge	赤色の
vert(e)	緑色の
violet / violette	紫色の

□ 男性第2形を持つ形容詞

beau / bel / belle	美しい
nouveau / nouvel / nouvelle	新しい
vieux / vieil / vieille	歳とった

□ 形容詞 (人物の形容)

actif / active	活動的な
âgé(e)	年配の
aimable	愛想がいい
fort(e)	強い
gentil / gentille	優しい
gai(e)	陽気な
gros / grosse	太っている
jeune	若い
joli(e)	きれい
intelligent(e)	頭がいい
intéressant(e)	面白い
mince	ほっそりしている
sympathique	感じがいい
sérieux / sérieuse	まじめな
sportif / sportive	スポーツ好きの
têtu(e)	頑固な
timide	内気な

Exercices

1. 不定冠詞か部分冠詞を書きましょう。

1) Je fais _____ thé.　　2) Elle fait _____ aérobic.
3) Elles font _____ danse.　　4) Nous faisons _____ tennis.
5) Il y a _____ huile.　　6) Il y a _____ restaurant.
7) Il y a _____ supérette.　　8) Il y a _____ cinémas.

2. 否定で答えましょう。

1) Tu fais du football ?　　– Non, je _____ .
2) Il fait de la boxe ?　　– Non, il _____ .
3) Vous faites de l'anglais ?　　– Non, nous _____ .
4) Il y a un théâtre ?　　– Non, il _____ .
5) Il y a du sel ?　　– Non, il _____ .
6) Il y a de la confiture ?　　– Non, il _____ .

3. 形容詞を女性形にして書きましょう。

1) C'est un petit magasin.　　→ C'est une _____ épicerie.
2) C'est un maillot jaune.　　→ C'est une jupe _____ .
3) Il y a un grand hôtel.　　→ Il y a une _____ maison.
4) Elle porte un sac rouge.　　→ Elle porte une robe _____ .
5) Il porte un pull gris.　　→ Il porte une veste _____ .
6) Ce sont des légumes verts.　　→ Ce sont des pommes _____ .

4. 指示に従い、比較級の文にしましょう。

1) Il est grand. (>moi)　　→ _____
2) Elle est gentille. (=toi)　　→ _____
3) Je suis riche. (<lui)　　→ _____
4) Les chocolats sont bons.(>les bonbons)　　→ _____

5. 例にならって最上級の文にしましょう。

［例］C'est un professeur très sévère. ［de l'école］ → C'est le professeur le plus sévère de l'école.

1) C'est un hôtel très confortable. ［de Rennes］　→ _____
2) C'est une rue très calme. ［de Brest］　→ _____
3) C'est un quartier très élégant. ［de Saint-Malo］→ _____
4) C'est une très bonne boulangerie. ［de Quimper］ → _____

Leçon 9 : C'est l'été, donc il fait très chaud.

CD 42

〔道で〕

L'employé : Au fait, il fait quel temps en ce moment à Tokyo ?

Miki : En ce moment ?
C'est l'été, donc il fait très chaud.
Il faut boire beaucoup !

L'employé : Il ne pleut jamais en été ?

Miki : Si, il pleut assez souvent en fait !

Grammaire

1. 非人称構文 CD 43

主語に非人称の il を用います。

Il fait chaud [froid / doux / frais].

Il y a du vent [des nuages].

Il pleut. (pleuvoir)   **Il neige.** (neiger)

Il faut faire du sport. (falloir)

2. 否定疑問文と答え方 CD 43'

Il ne pleut pas ?   – **Si**, il pleut.   – **Non**, il ne pleut pas.

cf. Il pleut ?   – **Oui**, il pleut.   – **Non**, il ne pleut pas.

3. 指示形容詞　「この / あの」「これらの / あれらの」

	単数	複数
男性	ce (cet)	ces
女性	cette	

ce restaurant   *ces* restaurants
cet hôtel   *ces* hôtels
cette chambre   *ces* chambres

◆ cet は語頭に母音字や無音の h がある名詞の前で用います。

4. 疑問形容詞　「どの / どんな」「～は何?」 CD 43'

	単数	複数
男性	quel	quels
女性	quelle	quelles

Quel temps fait-il ?   *Quels* sont ces légumes ?
Quelle heure est-il ?   *Quelles* sont ces fleurs ?

Expressions

1) donc 「そのため / だから」   Demain c'est dimanche, ***donc*** je ne travaille pas.
2) ne ... jamais 「決して〜ない」   Je ***ne*** sors ***jamais*** le dimanche.
3) au fait [fɛt] 「ところで」   ***Au fait*** tu habites où ?
4) en fait [fɛt] 「実は」   ***En fait*** elle est mariée.

Activités CD 44

単語の意味を調べ、例にならって会話しましょう。

 Il fait quel temps en ce moment à *Tokyo* ?

En ce moment ? C'est *l'été*, donc il fait *très chaud*.

1) Paris / l'hiver / très froid   2) Lyon / le printemps / doux
3) Bordeaux / l'automne / frais   4) Kyoto / l'été / chaud et humide

 Il ne pleut jamais en été ? 〔assez souvent〕

Si, *il pleut assez souvent.*

1) Il ne neige jamais en hiver ? 〔de temps en temps〕
2) Il ne pleut jamais au mois de juin ? 〔souvent〕
3) Il n'y a jamais de séismes en France ? 〔quelquefois〕
4) Tu ne sors jamais le dimanche ? 〔assez souvent〕

Exercices

1. 適切な指示形容詞を書きましょう。
    1) Il fait froid _____ matin (*m*).   2) Je sors _____ après-midi (*m*).
    3) Il fait chaud _____ semaine (*f*). 4) Il pleut beaucoup _____ jours-ci (*m*).

2. 適切な疑問形容詞を書きましょう。
    1) Tu as _____ âge (*m*) ?   – J'ai dix-huit ans.
    2) _____ est ta profession ?   – Je suis employé.
    3) _____ sont ces arbres (*m*) ?   – Ce sont des chênes.
    4) _____ couleurs aimez-vous ?   – J'aime le bleu et le vert.

3. CD を聞き、読まれた文を書きましょう。 CD 45
    1) _____
    2) _____
    3) _____ comment _____ (*p.40 Leçon 12 参照*)

Leçon 10 : J'ai très bien dormi !

CD 46

(ある日、友達のヤンと)

Yann: Salut !
　　　 Vous avez bien dormi à l'hôtel ?
Miki: Moi, j'ai très bien dormi !
　　　 Mais ma sœur n'a pas fermé l'œil...
Yann: Ah, c'est le décalage horaire, ça !
　　　 Au fait, vous avez déjà mangé ?
Miki: Non, pas encore. Mais j'ai faim !

Grammaire

1. 複合過去 (1)　CD 47

過去のできごとや、完了した事柄を表します。

□ 助動詞（avoir の直説法現在形）＋ 過去分詞

manger（過去分詞：mangé）

j'	ai	mangé	nous	avons	mangé
tu	as	mangé	vous	avez	mangé
il	a	mangé	ils	ont	mangé
elle	a	mangé	elles	ont	mangé

〈否定形〉

je	n'	ai	*pas*	mangé	nous	n' avons	*pas*	mangé
tu	n'	as	*pas*	mangé	vous	n' avez	*pas*	mangé
il	n'	a	*pas*	mangé	ils	n' ont	*pas*	mangé
elle	n'	a	*pas*	mangé	elles	n' ont	*pas*	mangé

2. 過去分詞 (1)

1) -er → -é　　fermer → *fermé*　　manger → *mangé*
2) -ir → -i　　choisir → *choisi*　　dormir → *dormi*　　finir → *fini*
3) その他の不規則動詞

　　dire → *dit*　　　entendre → *entendu*　　faire → *fait*
　　lire → *lu*　　　 mettre → *mis*　　　　　prendre → *pris*
　　recevoir → *reçu*　voir → *vu*

Expressions

1) déjà「もうすでに」 ↔ ne ... pas encore「まだ〜ない」

   Tu as **déjà** fini tes devoirs ?

   – Non, je **n**'ai **pas encore** fini mes devoirs.

2) déjà「〜したことがある」 ↔ ne ... jamais「一度も〜ない」

   Vous avez **déjà** mangé des escargots ?

   – Non, je **n**'ai **jamais** mangé d'escargots.

3) avoir faim〔soif / chaud / froid / sommeil〕

   J'**ai faim**.   Tu **as soif** ?

Activités   CD 48

単語の意味を調べ、例にならって会話しましょう。

Vous *avez* bien *dormi* ?

Oui, j'*ai* très bien *dormi*.

1) manger   2) comprendre   3) entendre

 *as* déjà *mangé* ?

Non, je n'*ai* pas encore *mangé*.

1) choisir   2) lire le journal   3) faire le ménage

Exercices

1. 指示された動詞を使い、複合過去の文にしましょう。

   1) finir   J'_____ _____ le travail.
   2) dormir   Tu _____ bien _____ ?
   3) manger   Il _____ _____ du poisson.
   4) parler   Elle _____ _____ avec Yann.
   5) faire   Nous _____ _____ le ménage.
   6) mettre   Vous _____ _____ du sel ?
   7) prendre   Ils _____ _____ le TGV pour aller à Lyon.
   8) voir   Elles _____ _____ Miki à la gare.

2. CD を聞き、読まれた文を書きましょう。 CD 49

   1) _____ film.
   2) _____ lettre.
   3) _____ .
   4) _____ TGV.

Révision 4 (〜 Leçon 10)

Structure

疑問文の答え方

肯定疑問文

主語 + 動詞 … ?

— (Oui,) 主語 + 動詞 … .
— (Non,) 主語 + ne (n') + 動詞 + pas … .

否定疑問文

主語 + ne (n') + 動詞 + pas … ?

— (Si,) 主語 + 動詞 … .
— (Non,) 主語 + ne (n') + 動詞 + pas … .

Vocabulaire

☐ 天気

Il fait beau.	いい天気
Il fait chaud.	暑い
Il fait doux.	暖かい
Il fait froid.	寒い
Il fait frais.	涼しい
Il fait gris.	曇り空
Il fait mauvais.	悪い天気
Il neige.	雪が降る
Il pleut.	雨が降る
Il y a des nuages.	雲が出ている
Il y a du vent.	風がある
Il fait 20 degrés.	気温が20度である

☐ 季節

(au) printemps (*m*)	春 (に)
(en) été (*m*)	夏 (に)
(en) automne (*m*)	秋 (に)
(en) hiver (*m*)	冬 (に)

☐ 月

janvier	1月
février	2月
mars	3月
avril	4月
mai	5月
juin	6月
juillet	7月
août	8月
septembre	9月
octobre	10月
novembre	11月
décembre	12月

☐ 曜日

lundi	月曜日
mardi	火曜日
mercredi	水曜日
jeudi	木曜日
vendredi	金曜日
samedi	土曜日
dimanche	日曜日

Exercices

1. イラストに示された天候を書きましょう。

Quel temps fait-il ?

1) 　2) 　3) 　4) 〰〰〰

1) _____.
2) _____.
3) _____.
4) _____.

2. 疑問文に肯定、否定の両方で答えましょう。

1) Tu n'aimes pas le vin ?　– Si, _____.
　　　　　　　　　　　　　– Non, _____.

2) Tu n'as pas faim ?　　　– Si, _____.
　　　　　　　　　　　　　– Non, _____.

3) Vous travaillez ? (pl)　– Oui, _____.
　　　　　　　　　　　　　– Non, _____.

3. 疑問文に肯定、否定の両方で答えましょう。

1) Tu as déjà mangé ?

　　– Oui, _____.

　　– Non, _____.

2) Il a déjà fini ?

　　– Oui, _____.

　　– Non, _____.

3) Vous avez déjà vu ce film ?

　　– Oui, nous _____.

　　– Non, nous _____.

4) Ils ont déjà visité le château de Versailles ?

　　– Oui, _____.

　　– Non, _____.

Leçon 11 On est arrivées hier soir.

CD 50
(カフェで)

Yann : Vous êtes arrivées quand au fait ?
Miki : On est arrivées hier soir, assez tard.
Yann : Ah bon ? Et vous êtes allées directement à l'hôtel ?
Miki : Oui, on est sorties de la gare et on a pris un taxi tout de suite.

GRAMMAIRE

1. 複合過去 (2) CD 51

□ 助動詞（être の直説法現在形）＋ 過去分詞

sortir (過去分詞：sorti)

je	**suis**	sorti(*e*)	nous	**sommes**	sorti(*e*)s
tu	**es**	sorti(*e*)	vous	**êtes**	sorti(*e*)(*s*)
il	**est**	sorti	ils	**sont**	sortis
elle	**est**	sorti*e*	elles	**sont**	sorti*es*

〈否定〉

je	***ne***	suis	***pas***	sorti(e)	nous	***ne***	sommes	***pas***	sorti(e)s
tu	***n'***	es	***pas***	sorti(e)	vous	***n'***	êtes	***pas***	sorti(e)(s)
il	***n'***	est	***pas***	sorti	ils	***ne***	sont	***pas***	sortis
elle	***n'***	est	***pas***	sortie	elles	***ne***	sont	***pas***	sorties

◆ 過去分詞は主語の性数に一致します。

Il est sorti.   Ils sont sorti**s**.
Elle est sorti**e**.   Elles sont sorti**es**.

2. 過去分詞 (2)

助動詞に être を用いる自動詞

aller	→ ***allé***	arriver	→ ***arrivé***	descendre	→ ***descendu***
entrer	→ ***entré***	monter	→ ***monté***	mourir	→ ***mort***
naître	→ ***né***	partir	→ ***parti***	rester	→ ***resté***
sortir	→ ***sorti***	tomber	→ ***tombé***	venir	→ ***venu***

3. 主語代名詞 on CD 51'

日常会話でよく nous の代わりに用いられます。動詞は3人称単数形。

On est jeudi. = Nous sommes jeudi.

On est sorties. = Nous sommes sorties. (過去分詞は性数一致します)

4. 動詞 prendre 「とる」 CD 51'

prendre (過去分詞 : pris)	
je **prends**	nous **prenons**
tu **prends**	vous **prenez**
il / elle **prend**	ils / elles **prennent**

Je ***prends*** un café.
Il ***prend*** des photos.
Vous ***prenez*** le bus ?

5. 疑問副詞 quand 「いつ」 CD 51'

Tu pars ***quand*** ? = ***Quand*** est-ce que tu pars ?

Activités CD 52

例にならって会話しましょう。

 Vous ***êtes arrivées*** quand ?

 On ***est arrivées hier soir.***

1) arriver / jeudi 2) aller au cinéma / samedi dernier
3) sortir / dimanche matin

Exercices

1. 指示された動詞を使い、複合過去の文にしましょう。( ) 内は主語の性を表します。

 1) aller   Je _____ _____ au cinéma. (*f*)
 2) partir   Tu _____ _____ à quelle heure ? (*m*)
 3) venir   Il _____ _____ à Paris.
 4) arriver Elle _____ _____ en retard.
 5) sortir   Nous _____ _____ hier. (*f*)
 6) naître   Vous _____ _____ à Rennes ? (*m pl*)
 7) rester   Ils _____ _____ dix jours à Saint-Malo.
 8) monter   Elles _____ _____ dans un taxi.

2. CD を聞き、質問の答えを書きましょう。 CD 53

 1) Nous _____ hier soir.
 2) Elles _____ samedi.
 3) Je _____ vendredi.
 4) Il _____ en 2000.

Leçon 12 Va tout droit !

CD 54
〔ある日、大学の前で〕

Miki : Allô, Yann ? Je suis devant la fac. Comment on fait pour aller chez toi, déjà ?

Yann : Tu as oublié ? Bon, alors va tout droit et tourne à gauche au premier feu. Ensuite, traverse la place et prends la première rue à droite, après la boulangerie. J'habite dans la rue Victor Hugo, au numéro 7. Sonne quand tu arrives et attends-moi !

Grammaire

1. 命令法　主語代名詞をつけない現在形の活用形がそのまま命令の形になります。 **CD** 55

	aller	tourner	prendre	attendre
(tu に対して) 〜して	**va***	**tourne***	**prends**	**attends**
(nous に対して) 〜しましょう	**allons**	**tournons**	**prenons**	**attendons**
(vous に対して) 〜してください	**allez**	**tournez**	**prenez**	**attendez**

〔例外〕aller と -er 動詞の tu の命令は語尾の s をとります。

tu vas → va　　　tu tournes → tourne

Attends-*moi !*（*p.52 Leçon 16* 参照）

2. 序数 **CD** 55′

1$^{er/ère}$	**premier / première**	2^e	**deuxième**	3^e	**troisième**
4^e	**quatrième**	5^e	**cinquième**	6^e	**sixième**
7^e	**septième**	8^e	**huitième**	9^e	**neuvième**
10^e	**dixième**				

3. 疑問副詞 comment　「どんな」「どうやって」 **CD** 55′

Comment on fait pour aller chez toi déjà ?

Expressions

1) 道案内の表現

   aller tout droit　　　　　　　tourner à droite [à gauche]

2) 接続詞 quand「〜する時」

   Sonne *quand* tu arrives.

3) chez … ＋ 人を表す表現

   chez lui　　*chez* le médecin

4) déjà（文末で）「〜だっけ」

Activités

例にならって会話しましょう。

　Comment on fait pour aller *à la gare*, s'il vous plaît ?

　　　　　Allez tout droit et *tournez à gauche au premier feu*.

1) le musée de Bretagne / passer le pont / prendre la deuxième rue à droite
2) la cathédrale / aller tout droit / traverser la place

　Tu habites où ?

　　　　　J'habite dans la *rue Victor Hugo*, au *numéro 7*.

1) Vous / rue Campagne-Première / numéro 11
2) Paul / rue Auguste-Comte / numéro 8

Exercices

1. 命令文に書き換えましょう。

   1) Tu vas acheter du pain.
   2) Nous attendons Alice.
   3) Vous tournez à gauche.
   4) Tu traverses la place.
   5) Nous allons au café.
   6) Vous prenez la deuxième rue à gauche.

2. 適切な序数を書きましょう。

   1) Mars est le _____ mois de l'année.
   2) Septembre est le _____ mois de l'année.
   3) Le mardi est le _____ jour de la semaine.
   4) Le samedi est le _____ jour de la semaine.

Révision 5 (〜 Leçon 12)

Structure

Vocabulaire

□ 時を示す表現

du matin	午前の
de l'après-midi	午後の
du soir	夜の
ce matin	今朝
cet après-midi	今日の午後
ce soir	今晩
cette nuit	今夜
hier	昨日
aujourd'hui	今日
demain	明日
la semaine dernière	先週
cette semaine	今週
la semaine prochaine	来週
le mois dernier	先月
ce mois-ci	今月
le mois prochain	来月
l'année dernière	去年
cette année	今年
l'année prochaine	来年

□ 場所を示す表現

sur	〜の上に
sous	〜の下に
devant	〜の前に
derrière	〜の後ろに
dans	〜の中に
en face de	〜の向かいに
à côté de	〜の横に
à droite de	〜の右に
à gauche de	〜の左に
entre A et B	〜AとBの間に
près de	〜の近くに
loin de	〜から遠くに
après	〜の次に

Exercices

1. nous を on にして文を書き換えましょう。

1) Nous faisons la cuisine. → _____ .
2) Nous mangeons souvent du riz. → _____ .
3) Nous avons pris le métro. → _____ .
4) Nous sommes allées au concert. → _____ .

2. 複合過去の文に書き換えましょう。

1) Elle part demain. → Elle _____ hier.
2) Ils vont en Italie cet été. → Ils _____ en Italie l'été dernier.
3) Il sort avec Miki aujourd'hui. → Il _____ avec Miki samedi dernier.
4) Elles viennent avec Yann. → Elles _____ avec Yann.

3. 例にならって命令文に書き換えましょう。

［例］Il faut attendre un instant. ［nous］ → Attendons un instant.

1) Il faut prendre un taxi. ［vous］ → _____ un taxi.
2) Il faut bien écouter. ［tu］ → _____ bien.
3) Il faut faire attention. ［tu］ → _____ attention.
4) Il faut réserver une chambre. ［nous］ → _____ une chambre.

4. 適切な序数を書きましょう。

1) Miwa est étudiante depuis avril. Elle est en _____ année aux beaux-arts.
2) Le numéro de ma chambre ? C'est le 403, au _____ étage.
   *フランスでは 1 階を le rez-de-chaussée、2 階を le premier étage といいます。
3) Les parents de Yann habitent à Paris, dans le _____ arrondissement, juste à côté de l'Opéra Garnier.
4) Au Japon, le français est très populaire comme _____ langue étrangère.

Leçon 13 : On en mange presque tous les jours !

CD 57
(ヤンの家で)

Yann : Au Japon, on mange souvent du riz ?

Miki : Oui, on en mange presque tous les jours ! Et on boit très souvent de la soupe de miso.

Yann : Ah bon ? C'est comment ? Je n'y ai jamais goûté… Et puis du riz, je n'en mange pas très souvent, moi. Peut-être une fois toutes les deux semaines ?

Grammaire

1. 中性代名詞 en (1) **CD** 58
不特定の名詞（不定冠詞・部分冠詞などがついた特定されない名詞）の代わりをします。動詞の直前に置かれます。

On mange *du riz* [*de la viande* / *des légumes*].　→ On **en** mange.

On ne mange pas *de riz* [*de viande* / *de légumes*].　→ On n'**en** mange pas.

◆ 複合過去では、助動詞の前に置かれます。

On a mangé *du pain*.　　　→ On **en** a mangé.

On n'a pas mangé *de pain*.　→ On n'**en** a pas mangé.

2. 中性代名詞 y **CD** 58′
〈前置詞 à + 名詞（もの・場所）を示す言葉〉の代わりをします。動詞の直前に置かれます。

Je vais *à Paris*.　→　J'**y** vais.

Je n'ai jamais goûté *à la soupe de miso*. →　Je n'**y** ai jamais goûté.

3. 動詞 boire 「飲む」 **CD** 58′

boire (過去分詞 : bu)		
je **bois**	nous **buvons**	Je **bois** du lait.
tu **bois**	vous **buvez**	Tu **bois** de l'eau ?
il / elle **boit**	ils / elles **boivent**	Elle n'**a** pas **bu** de vin.

Expressions

1) 形容詞 tout 「〜中」「〜ごとに」

男性単数	女性単数	男性複数	女性複数
tout	toute	tous	toutes

tout le monde **tout** le temps **toute** la journée

tous les jours **toutes** les semaines

tous les deux mois **toutes** les deux semaines

2) ... fois (par ...)「（〜につき）〜回」

une **fois** par semaine deux **fois** par mois

3) 頻度の表現

tous les jours > souvent > de temps en temps > parfois > rarement > jamais

4) peut-être「たぶん」

Je vais **peut-être** venir.

Activités CD 59

例にならって会話しましょう。

  ↙ **On** mange souvent **du riz** ?

Oui, on en mange **tous les jours**. ↘

1) elle / des gâteaux 〔tout le temps〕

2) tu / du poisson 〔tous les deux jours〕

  ↙ **Tu** as déjà bu **de la soupe de miso** ?

 Non, je n'**en** ai jamais bu. ↘

1) tu / de la bière   2) vous / du calvados

Exercices

tout / toute / tous / toutes　のいずれかを書きましょう。

1) J'aime ＿＿＿＿ les villes de Bretagne.

2) Hier, j'ai travaillé ＿＿＿＿ la journée.

3) Les Jeux Olympiques ont lieu ＿＿＿＿ les quatre ans.

4) ＿＿＿＿ le monde est là ?

Leçon 14 : Je vais faire du café.

CD 60

（ヤンの家で）

Yann : Je vais faire du café. Est-ce que tu en veux ?

Miki : Ah, c'est gentil ! Je veux bien un café, oui.

Yann : Ah mince ! Il n'y a plus de café ! Je dois aller en chercher un nouveau paquet. Tu peux mettre de l'eau dans la machine ?

Miki : Oui, si tu veux. J'en mets combien ?

Yann : Pas trop, s'il te plaît.

Grammaire

1. 近接未来 CD 61

aller の現在形 + 動詞の原形 「今から〜するところです」

Je fais du café.　→　Je ***vais faire*** du café.

2. 近接過去 CD 61'

venir の現在形 + de (d') + 動詞の原形 「今〜したところです」

Je fais du café.　→　Je ***viens de faire*** du café.

3. 中性代名詞 en (2) CD 61'

Il faut acheter un paquet *de café*.　→　Il faut ***en*** acheter un paquet.

Il faut mettre un litre *d'eau*.　→　Il faut ***en*** mettre un litre.

Il faut mettre combien *d'eau* ?　→　Il faut ***en*** mettre combien ?

Il y a beaucoup *d'eau*.　→　Il y ***en*** a beaucoup.

4. 疑問副詞 combien 「どのくらい」 CD 61'

Ça coûte ***combien*** ?　　　　　– Ça coûte 10,50 euros.

Tu veux ***combien de*** sucres ?　– J'en veux bien un.

46

5. 動詞 vouloir / pouvoir / devoir / mettre CD 61'

「〜したい」「〜できる」「〜しなければならない」「おく」

vouloir（過去分詞：voulu）		pouvoir（過去分詞：pu）	
je **veux**	nous **voulons**	je **peux**	nous **pouvons**
tu **veux**	vous **voulez**	tu **peux**	vous **pouvez**
il / elle **veut**	ils / elles **veulent**	il / elle **peut**	ils / elles **peuvent**

devoir（過去分詞：dû）		mettre（過去分詞：mis）	
je **dois**	nous **devons**	je **mets**	nous **mettons**
tu **dois**	vous **devez**	tu **mets**	vous **mettez**
il / elle **doit**	ils / elles **doivent**	il / elle **met**	ils / elles **mettent**

Vous **pouvez** fermer la porte, s'il vous plaît ?   – Oui, si vous **voulez**.

Je **dois** faire le ménage.

Je **mets** du sucre dans mon café.

Activités CD 62

例にならって会話しましょう。

　　Tu peux mettre de l'eau ?

Oui, si *tu veux*.

1) vous / fermer la fenêtre 　　2) tu / aller acheter du pain
3) vous / éteindre la télévision 　4) tu / allumer la lumière

Exercices

1. 近接未来の文にしましょう。
   1) Je sors. _____ 2) Tu manges ? _____
   3) Il pleut. _____ 4) Vous partez ? _____

2. 近接過去の文にしましょう。
   1) Je fais la lessive. _____
   2) Tu mets du sel ? _____
   3) Elle a vingt ans. _____
   4) Vous arrivez ? _____

3. CD を聞き、中性代名詞 en を用いて答えを書きましょう。 CD 63
   1) Oui, j' _____ un litre.
   2) Il _____ trois.
   3) Oui, elle _____ une tasse.
   4) Non, ils _____ pas souvent.

Révision 6 (〜 Leçon 14)

Structure

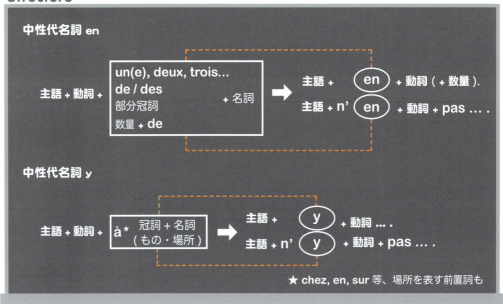

Vocabulaire

□ 食べ物・調味料

croissant (*m*)	クロワッサン	
pain (*m*)	パン	
pâtes (*f pl*)	パスタ	
riz (*m*)	米	
fruit (*m*)	果物	
fromage (*m*)	チーズ	
légumes (*m pl*)	野菜	
œuf (*m*)	卵	
salade (*f*)	サラダ	
soupe (*f*)	スープ	
jambon (*m*)	ハム	
poisson (*m*)	魚	
viande (*f*)	肉	
beurre (*m*)	バター	
confiture (*f*)	ジャム	
huile (*f*)	油	
poivre (*m*)	胡椒	
sel (*m*)	塩	
sucre (*m*)	砂糖	

□ 飲み物

boisson (*f*)	飲み物
café (*m*)	コーヒー
café au lait (*m*)	カフェオレ
eau (*f*)	水
eau minérale (*f*)	ミネラルウォーター
jus d'orange (*m*)	オレンジジュース
lait (*m*)	牛乳
thé (*m*)	紅茶
tisane (*f*)	ハーブティー
bière (*f*)	ビール
vin (*m*)	ワイン

□ 否定の表現

ne 〜 presque pas	ほとんど〜ない
ne 〜 plus	もはや〜ない
ne 〜 pas du tout	全く〜ない
ne 〜 ni ... ni ...	... も ... も〜ない
ne 〜 aucun	どんな〜も〜ない

Exercices

1. 例にならい下線部を代名詞にして書き換えましょう。

［例］ Tu as une voiture ?　　– Oui, j'ai une voiture.　　→ Oui, j'*en* ai une.

1) Tu as un stylo ?　　– Oui, j'ai un stylo.　　→ _____ .
2) Tu fais du tennis ?　　– Oui, je fais du tennis.　　→ _____ .
3) Tu bois de la bière ?　　– Non, je ne bois pas de bière.　　→ _____ .
4) Tu manges des légumes ?　　– Oui, je mange des légumes.　　→ _____ .
5) Tu mets du sucre ?　　– Oui, je mets un peu de sucre.　　→ _____ .
6) Tu prends un café ?　　– Oui, je prends un café.　　→ _____ .
7) Il y a des bus ?　　– Non, il n'y a pas de bus.　　→ _____ .
8) Il y a des hôtels ?　　– Oui, il y a beaucoup d'hôtels.　　→ _____ .

2. 例にならい下線部を代名詞にして書き換えましょう。

［例］ Tu as bu du vin ?　　– Oui, j'ai bu du vin.　　→ Oui, j'*en* ai bu.

1) Tu as mangé des sushis ?　　– Oui, j'ai mangé des sushis.　　→ _____ .
2) Tu as bu du saké ?　　– Non, je n'ai pas bu de saké.　　→ _____ .
3) Tu as fait de la danse ?　　– Oui, j'ai fait de la danse.　　→ _____ .
4) Tu as pris une glace ?　　– Non, je n'ai pas pris de glace.　　→ _____ .

3. 例にならい下線部を代名詞にして書き換えましょう。

［例］ Tu vas à Paris ?　　– Oui, je vais à Paris.　　→ Oui, j'*y* vais.

1) Tu vas à la gare ?　　– Oui, je vais à la gare.　　→ _____ .
2) Vous allez au Canada ?　　– Oui, on va au Canada.　　→ _____ .
3) Elle pense aux vacances ?　　– Oui, elle pense aux vacances.
　　　　　　　　　　　　　　　　　　→ _____ .
4) Ils habitent aux États-Unis ?　– Oui, ils habitent aux États-Unis.
　　　　　　　　　　　　　　　　　　→ _____ .

4. **pouvoir, vouloir, devoir** のいずれかを選び、活用形を書きましょう。

1) Je _____ avoir votre addresse ?　　– La voilà.
2) Vous pouvez venir demain ?　　– Je suis désolé, mais je ne _____ pas.
3) Vous _____ encore du vin ?　　– Je _____ bien, merci.
4) Pour réussir, tu _____ travailler davantage.

Leçon 15 Je me lève tard aussi !

CD 64
〔ヤンの家で〕

Miki : À quelle heure est-ce que tu te couches en général ?
Yann : En général, je me couche vers une heure du matin.
Miki : Eh ben ?! C'est plutôt tard !
Yann : Oui, mais c'est parce que je me lève tard aussi !

Grammaire

1. 代名動詞 **CD** 65

主語と同じ人/ものを表す補語人称代名詞(再帰代名詞)を伴う動詞です。

	se coucher			
je	me	couche	nous nous	couchons
tu	te	couches	vous vous	couchez
il	se	couche	ils se	couchent
elle	se	couche	elles se	couchent

〈否定〉

je	*ne*	me couche	*pas*	nous	*ne*	nous couchons	*pas*
tu	*ne*	te couches	*pas*	vous	*ne*	vous couchez	*pas*
il	*ne*	se couche	*pas*	ils	*ne*	se couchent	*pas*
elle	*ne*	se couche	*pas*	elles	*ne*	se couchent	*pas*

◆代名動詞の複合過去については *p.78 Appendice* 参照

2. 疑問副詞 pourquoi 「なぜ」 **CD** 65'

Parce que ... で答えます。

Pourquoi est-ce que tu vas voyager en Bretagne ?
 – *Parce que* mon petit ami habite à Rennes.

Expressions

□ 時刻の表現

Il est quelle heure ? / Quelle heure est-il ?

– Il est …

0:00 minuit.	4:00 quatre heures.	9:00 neuf heures.
1:00 une heure.	5:00 cinq heures.	10:00 dix heures.
2:00 deux heures.	6:00 six heures.	11:00 onze heures.
3:00 trois heures.	7:00 sept heures.	12:00 midi.
	8:00 huit heures.	

1:05　une heure cinq.　　　　1:30　une heure et demie.
1:10　une heure dix.　　　　 1:40　deux heures moins vingt.
1:15　une heure et quart.　　1:45　deux heures moins le quart.
1:20　une heure vingt.　　　 1:50　deux heures moins dix.

une heure du matin

deux heures de l'après-midi （après-midi は正午〜日没）

neuf heures du soir （soir は日没〜0時）

À quelle heure ?　　　Vers quelle heure ?

Activités　CD 66

例にならって会話しましょう。

　À quelle heure est-ce que tu *te couches* en général ?
　　　　En général, je me couche *vers une heure* du matin.

1) se réveiller / à six heures et demie　　2) partir / à huit heures
3) dîner / vers sept heures　　　　　　　4) se laver / vers dix heures

Exercices

1. se souvenir の活用を書きましょう。

2. 以下の時刻を書きましょう。

　Quelle heure est-il ? – Il est …
　1) 3:10 _____　　2) 12:30 _____
　3) 7:15 _____　　4) 10:50 _____

3. CD を聞き、読まれた時刻を書きましょう。　CD 67
　1) _____　2) _____　3) _____　4) _____

Leçon 16 Ne t'inquiète pas !

CD 68
(ある日、街で)

Yann : Salut Miki ! Qu'est-ce que tu fais ? Tu attends Miwa ?
Miki : Oui, je l'attends déjà depuis un quart d'heure, mais elle n'arrive pas...
Yann : C'est bizarre... Tu veux l'appeler ?
Miki : Oui, je veux bien essayer de la contacter, c'est gentil. Mais je ne connais pas le numéro de l'hôtel...
Yann : Ne t'inquiète pas : je vais le chercher sur Internet !

Grammaire

1. 補語人称代名詞（1）直接目的 CD 69

私を	君を	彼を	彼女を	私たちを	あなた(方)を	彼(女)らを
me (m')	te (t')	le (l')	la (l')	nous	vous	les

動詞の直前に置かれます。

  J'attends *ma sœur*. → Je *l'*attends.
  Je n'attends pas *ma sœur*. → Je ne *l'*attends pas.
  Attends-tu *ta sœur* ? → *L'*attends-tu ?

◆ 肯定命令文の場合だけ、トレ・デュニオンをつけて動詞の直後に置かれます。

  Attends *ta sœur*. → Attends-*la*.
  Attendons *ta sœur*. → Attendons-*la*.
  Attendez *vos parents*. → Attendez-*les*.
  Attends-*moi*.   Attendez-*nous*.

2. 代名動詞の命令形 CD 69'

1) 肯定

  Tu *te* couches. → Couche-*toi*.
  Nous *nous* couchons. → Couchons-*nous*.
  Vous *vous* couchez. → Couchez-*vous*.

2) 否定

Tu ne t'inquiètes pas. → Ne t'inquiète pas.
Nous ne nous inquiétons pas. → Ne nous inquiétons pas.
Vous ne vous inquiétez pas. → Ne vous inquiétez pas.

3. 動詞 attendre / connaître 「待つ」「知っている」 CD 69′

attendre (過去分詞 : attendu)

j' **attends**	nous **attendons**
tu **attends**	vous **attendez**
il / elle **attend**	ils / elles **attendent**

connaître (過去分詞 : connu)

je **connais**	nous **connaissons**
tu **connais**	vous **connaissez**
il / elle **connaît**	ils / elles **connaissent**

Expressions

☐ depuis … 「〜から（過去を起点として）」

　Il pleut *depuis* hier.

Activités　CD 70

例にならって会話しましょう。

 Tu attends *Miki* ?

　　　Oui, je *l'*attends déjà depuis *un quart d'heure*.

1) Tu / tes parents / une heure　　2) Elle / me / une demi-heure
3) Vous / Pierre / trois heures　　4) Ils / nous / un quart d'heure

Exercices

1. 下線部の語を人称代名詞にして書き換えましょう。

　1) Je connais bien <u>Roland</u>.
　2) Je ne connais pas <u>sa sœur</u>.
　3) J'aime bien <u>cette peinture</u>.
　4) Attendons <u>tes parents</u>.

2. CD を聞き、読まれた文を命令文に書き換えましょう。 CD 71

　1)
　2)
　3)
　4)

Révision 7 (～ Leçon 16)

Structure

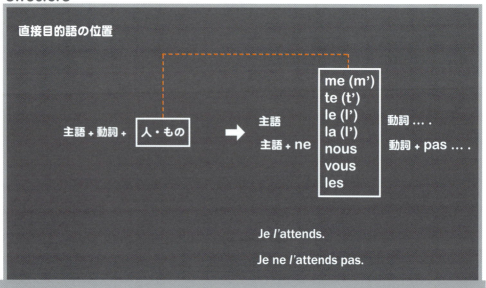

Vocabulaire

□ 代名動詞

s'amuser	楽しむ
s'appeler	～という名前である
s'asseoir	座る
se coucher	寝る
s'habiller	服を着る
s'installer	身を落ち着ける
se lever	起きる
se laver	身体(顔, 手足)を洗う
se maquiller	化粧をする
se préparer	準備をする
se promener	散歩をする
se raser	ヒゲを剃る
se reposer	休む
se réveiller	目を覚ます
se souvenir de	思い出す
se dépêcher	急ぐ

□ 衣類

blouson (*m*)	上着
veste (*f*)	ジャケット
manteau (*m*)	コート
chemise (*f*)	ワイシャツ
chemisier (*m*)	ブラウス
costume (*m*)	スーツ
pull (*m*)	セーター
robe (*f*)	ワンピース
T-shirt (*m*)	Tシャツ
jean (*m*)	ジーンズ
jupe (*f*)	スカート
pantalon (*m*)	ズボン
pyjama (*m*)	パジャマ
cravate (*f*)	ネクタイ
chaussures (*f pl*)	靴
chapeau (*m*)	帽子

Exercices

1. 下のリストから適切な語を選び、書きましょう。

1) C'est _____ , ce livre ? – C'est dix euros vingt.
2) Tu habites _____ ? – J'habite à Rennes.
3) Tu pars _____ pour la France ? – En août.
4) Tu mets _____ sucres ? – J'en mets deux.
5) _____ on fait pour aller à la gare ? – C'est tout droit.
6) _____ tu fais du français ? – Parce que j'ai une amie française.

〔 combien   combien de   comment   où   pourquoi   quand 〕

2. 下線部の語句を補語人称代名詞にして答えましょう。

1) Vous cherchez <u>la gare</u> ? – Oui, on _____ .
2) Tu connais <u>son père</u> ? – Non, je _____ .
3) Tu aimes <u>cette ville</u> ? – Oui, je _____ beaucoup.
4) Elle <u>m'</u>attend ? – Oui, elle _____ .

3. 以下の質問に答えましょう。

1) Tu t'appelles comment ? – Je _____ Miki.
2) Tu te couches tard ? – Oui, je _____ après minuit.
3) Elle s'habille comment ? – Elle _____ toujours en rouge.
4) Vous vous promenez où ? – On _____ dans le parc.

4. 命令文に書き換えましょう。

1) Tu t'amuses bien. → _____ bien.
2) Nous nous levons tôt. → _____ tôt.
3) Tu ne te presses pas. → _____ pas.
4) Vous ne vous inquiétez pas. → _____ pas.

Leçon 17 — Tu lui as parlé ?

〔街で〕

Yann : Alors ? Tu lui as parlé ?
　　　 Elle t'a répondu ?
Miki : Oui, elle m'a répondu, tout va bien !
Yann : Qu'est-ce qu'elle t'a dit ?
Miki : Elle arrive tout de suite !
Yann : Tant mieux ! Alors attendons-la ici.

Grammaire

1. 補語人称代名詞（2）間接目的

私に	君に	彼(女)に	私たちに	あなた(方)に	彼(女)らに
me (m')	te (t')	lui	nous	vous	leur

〈à＋人〉の代わりをします。

parler [répondre / téléphoner] à …
Je parle à Miki.　→ Je *lui* parle.
J'ai parlé à Miki.　→ Je *lui* ai parlé.
Parlons à Miki.　→ Parlons-*lui*.

◆ 否定　Je ne *lui* parle pas.　Je ne *lui* ai pas parlé.

2. 動詞 dire / répondre 「言う」「答える」

dire （過去分詞 : dit）

je dis	nous disons
tu dis	vous dites
il / elle dit	ils / elles disent

répondre （過去分詞 : répondu）

je réponds	nous répondons
tu réponds	vous répondez
il / elle répond	ils / elles répondent

Expressions

1) tant mieux 「それはよかった」 ↔ tant pis 「仕方がない / 残念だ」
2) 代名詞 tout 「一切、すべて」

   Tout va bien.

Activités CD 74

例にならって会話しましょう。

À qui tu *parles* ? À *Miki* ?

Non, je ne *lui* parle pas. Je parle à *Yann*.

1) téléphoner / Yann / mon père
2) répondre / moi (← je) / leur (← ils)
3) parler / nous / lui (← elle)
4) donner ça / tes amis / ma copine

Exercices

1. 例にならい、下線部を人称代名詞にして文を書き換えましょう。

［例］ Tu as téléphoné à Roland ? → Tu ***lui*** as téléphoné ?

1) J'ai téléphoné à mes amis.

   →

2) Je n'ai pas téléphoné à Alice.

   →

3) Elle a répondu à Roland.

   →

4) Ils n'ont pas répondu à leurs parents.

   →

2. 下線部を適切な人称代名詞にして答えましょう。

1) Est-ce que tu parles à tes amies ? – Oui, _____.
2) Ils viennent de vous répondre ? – Oui, _____.
3) Il téléphone à Miki ? – Non, _____.
4) Vous allez donner ce gâteau à ton frère. – Non, _____.

3. CD を聞き、読まれた文を書きましょう。 CD 75

1) _____
2) _____
3) _____
4) _____

Leçon 18 Elle dormait...

CD 76
(ミキが電話をしてみると...)

Yann : Qu'est-ce qu'elle faisait ta sœur, en fait ?
Miki : Elle dormait...
Yann : Ha ha ! Ça arrive ! Elle devait être fatiguée hier soir à cause du concert, non ?
Miki : Oui, sans doute. Et puis, aller à un concert, pour elle, ça faisait vraiment longtemps !

Grammaire

1. 半過去 CD 77

活用語尾			
je	*-ais*	nous	*-ions*
tu	*-ais*	vous	*-iez*
il / elle	*-ait*	ils / elles	*-aient*

faire			
je	faisais	nous	faisions
tu	faisais	vous	faisiez
il / elle	faisait	ils / elles	faisaient

dormir			
je	dormais	nous	dormions
tu	dormais	vous	dormiez
il / elle	dormait	ils / elles	dormaient

être			
j'	étais	nous	étions
tu	étais	vous	étiez
il / elle	était	ils / elles	étaient

語幹 : nous faisons → ***fais-***　　nous dormons → ***dorm-***
　　　nous devons → ***dev-***　　nous avons → ***av-***

◆ 直説法現在1人称複数形の語幹と同じです。（例外：être → ét-)

2. 半過去の用法 CD 77'

主に「～であった」（過去の状態）、「～していた」（過去進行形）、「～していたものだ」（過去における習慣）などを表します。

Elle *était* très gentille.　　Je *regardais* la télévision.
Au lycée, je *jouais* souvent au tennis.

Expressions

1) à cause de ... 「～のせいで」

   J'ai échoué **à cause de** toi.

2) grâce à ... 「～のおかげで」

   J'ai réussi **grâce à** vous.

3) Ça fait ＋時間 (＋que ...) 「～してから（しなくなって）現在まで～になる」

   Ça fait longtemps (qu'on ne s'est pas vus).

4) sans doute 「おそらく」

   Elle est **sans doute** malade.

Activités CD 78

例にならって会話しましょう。

 Qu'est-ce qu'elle faisait ta sœur, en fait ?

Elle *dormait*.

1) écouter de la musique
2) faire le ménage
3) m'attendre
4) parler avec un ami

Exercices

1. 半過去の活用形を書きましょう。

   1) aimer   Avant j' _____ la bière.
   2) habiter Où est-ce que tu _____ avant ?
   3) avoir   Il y _____ du vent.
   4) attendre Nous _____ Yann.
   5) être   Où est-ce que vous _____ à midi ?
   6) dormir   Elles _____ profondément.

2. à cause de (d') か grâce à のどちらかを書きましょう。

   1) Je suis arrivé en retard _____ un embouteillage.
   2) _____ son aide, j'ai pu finir le travail.
   3) _____ la pluie, on a reporté le match.
   4) _____ vous, la soirée s'est très bien passée.

Révision 8 (～ Leçon 18)

Structure

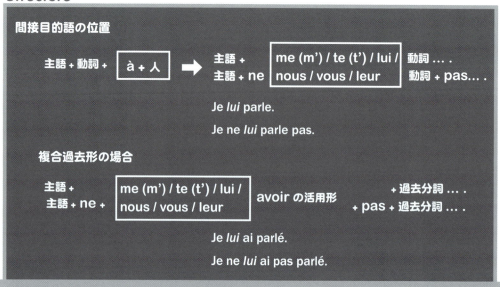

Vocabulaire

□ 日常生活

aller au lit	寝る
écouter de la musique	音楽を聞く
jouer du piano	ピアノを演奏する
prendre un bain	入浴する
prendre une douche	シャワーを浴びる
regarder la télé	テレビを見る

□ 趣味

cinéma (*m*)	映画
cuisine (*f*)	料理
karaoké (*m*)	カラオケ
lecture (*f*)	読書
peinture (*f*)	絵画
théâtre (*m*)	演劇
voyages (*m pl*)	旅行

□ 決まり文句

Ah bon.	ああそうなの。
Alors	それでは
Bien sûr.	もちろん。
Bon.	さて。
C'est bizarre.	変だね。
C'est ça.	その通りです。
C'est dommage.	それは残念です。
C'est gentil.	ご親切に。
C'est vrai.	本当です。
Eh ben. / Eh bien.	おや。
Oh là là.	いやはや。
S'il vous plaît. / S'il te plaît.	お願いします。
Tant mieux.	それはよかった。
Tant pis.	仕方がない。 / 残念だ。
Un instant.	ちょっとお待ちください。

Exercices

1. 指示に従い、oui か non で答えましょう。下線部は人称代名詞に置き換えます。

1) Tu as téléphoné <u>à Roland</u> ?
   – Oui, je _____.

2) Il t'a dit bonjour ?
   – Non, il _____.

3) Elle vous a répondu ?
   – Oui, elle _____.

4) Vous avez parlé <u>à ses amis</u> ?
   – Non, on _____.

2. 半過去の文に書き換えましょう。

1) Il neige.   → _____
2) Il pleut.   → _____
3) Il fait beau.   → _____
4) Il y a des nuages. → _____

3. 例にならって書き換えましょう。

［例］J'étudie le français depuis un an. → Ça fait un an que j'étudie le français.

1) J'attends Miki depuis une heure.
   → _____

2) J'habite à Rennes depuis longtemps.
   → _____

3) Il pleut depuis deux jours.
   → _____

4) On travaille à Paris depuis six mois.
   → _____

Leçon 19 C'est un musicien qu'elle aime.

CD 79

Yann : C'était quand, le dernier concert que ta sœur a vu ?

Miki : C'était il y a cinq ans je pense.
C'était un concert d'un musicien de jazz qu'elle aime beaucoup.

Yann : De jazz ? C'est une musique qui est populaire au Japon ?

Miki : Oui, assez ! Mais il n'y a pas beaucoup de jeunes qui en écoutent, je pense.

Grammaire

1. 関係代名詞 **CD** 80

1) qui：関係節の主格。先行詞は〈人〉〈もの〉どちらでも使えます。

C'est un ami *qui* habite à Rennes.

C'est une musique *qui* est populaire au Japon.

2) que (qu')：関係節の直接目的。先行詞は〈人〉〈もの〉どちらでも使えます。

C'est un musicien *que* j'aime beaucoup.

C'est un film *que* je regarde souvent.

(*p.77 Appendice* 参照)

2. 動詞 voir 「見る」 **CD** 80'

voir (過去分詞：vu)	
je **vois**	nous **voyons**
tu **vois**	vous **voyez**
il / elle **voit**	ils / elles **voient**

Je *vois* Miki aujourd'hui.

D'ici on *voit* le Mont Blanc.

J'ai *vu* une exposition de Picasso.

Expressions

1) il y a ＋時間を表す表現 「今から〜前に」

Elle est partie *il y a* une heure.

2) ne ... pas beaucoup 「あまり〜ない」

J'aime beaucoup le cinéma.

Je *n'*aime *pas beaucoup* le cinéma.

Activités CD 81

例にならって会話しましょう。

C'était quand, le dernier concert que tu as vu ?

C'était il y a *cinq ans*.

1) deux semaines   2) six mois   3) un an

Au Japon, beaucoup de jeunes *écoutent du jazz* ?

Non, il n'y a pas beaucoup de jeunes qui *en écoutent*.

1) boire du saké   2) faire de l'aïkido

Exercices

1. 例にならい、関係代名詞を用い、２つの文を１つの文にしましょう。

［例］C'est un film. Je regarde souvent ce film.
  → C'est un film que je regarde souvent.

1) J'ai un chien. Ce chien s'appelle Chocolat.

2) C'est une tablette. Cette tablette vient de sortir.

3) C'est un grand pianiste. J'adore ce pianiste.

4) C'est une belle ville. Je connais cette ville depuis longtemps.

2. 例にならい、複合過去の文にしましょう。

［例］Je vois Miki.〔une semaine〕　→ J'ai vu Miki il y a une semaine.
1) Je vais en France.〔un an〕　→
2) Je connais Alice.〔un mois〕　→
3) Elle part.〔une demi-heure〕　→
4) Nous visitons Rennes.〔une semaine〕 →

3. CD を聞き、読まれた文にできるだけ代名詞を使って答えを書きましょう。 CD 82
1) .... un an.
2) .... un mois.
3) .... une heure.
4) .... une semaine.

Leçon 20 : Si tu venais, ils seraient contents !

CD 83

Yann : Si j'avais assez d'argent, j'aimerais vraiment aller faire un tour au Japon !
Miki : Si tu venais, tu pourrais rester à la maison sans problème !
Yann : Merci, c'est gentil ! Mais ça ne dérangerait pas tes parents ?
Miki : Mes parents ?! Ha ha ! Non, pas du tout ! Au contraire, ils seraient contents d'avoir de la visite !

Grammaire

1. 条件法 **CD** 84

活用語尾				aimer			
je	*-rais*	nous	*-rions*	j'	**aimerais**	nous	**aimerions**
tu	*-rais*	vous	*-riez*	tu	**aimerais**	vous	**aimeriez**
il / elle	*-rait*	ils / elles	*-raient*	il / elle	**aimerait**	ils / elles	**aimeraient**

pouvoir				être			
je	**pourrais**	nous	**pourrions**	je	**serais**	nous	**serions**
tu	**pourrais**	vous	**pourriez**	tu	**serais**	vous	**seriez**
il / elle	**pourrait**	ils / elles	**pourraient**	il / elle	**serait**	ils / elles	**seraient**

◆ 語幹

1) -er 動詞, -ir 動詞　　aimer → ***aime-***　　finir → ***fini-***　　partir → ***parti-***
2) -dre, -tre で終わる動詞　prendre → ***prend-***　mettre → ***mett-***
3) 例外　　être → ***se-***　　avoir → ***au-***　　faire → ***fe-***
　　　　　aller → ***i-***　　falloir → ***faud-***　pouvoir → ***pour-***
　　　　　venir → ***viend-***　voir → ***ver-***　vouloir → ***voud-***

2. 条件法の用法 (1) 仮定法・婉曲表現 **CD** 84'

1) 仮定法

　　Si ＋ 半過去,　　　条件法現在
　（現実と相反する仮定）（その仮定に基づいた結果）

　Si j'*avais* assez d'argent, j'*aimerais* aller au Japon.

　Ils *seraient* contents d'avoir de la visite. (d'avoir de la visite = s'ils avaient de la visite)

2) 婉曲表現

　　Je *voudrais* un café, s'il vous plaît.

Expressions

1) pas du tout 「まったく〜ない」

　　Tu es fâché contre moi ? – **Pas du tout**.

2) au contraire 「それどころか」

　　Pierre n'est pas bête, **au contraire**, il est très intelligent.

Activités CD 85

例にならって会話しましょう。

　Si tu avais dix millions de yens, qu'est-ce que tu aimerais en faire ?

　　　　　　　　　　　　　J'*achèterais une Mercedes.*

　1) inviter tous mes amis au restaurant de Joël Robuchon

　2) mettre de l'argent de côté

　3) aller faire le tour du monde

Exercices

1. [半過去 / 条件法] に活用しましょう。

　1) [avoir / passer] → Si j' _____ le temps, je _____ chez toi.

　2) [être / être]   → Si elle _____ là, il _____ très content.

　3) [pleuvoir / pouvoir]

　　　　　　　　→ S'il ne _____ pas, on _____ aller se balader.

2. 条件法に活用しましょう。

　1) aimer　　J' _____ visiter le musée du Louvre.

　2) vouloir　Nous _____ voir votre fiancée.

　3) avoir　　Il y _____ un examen de français.

　4) pouvoir　Vous _____ m'aider ?

　5) faire　　Tu _____ mieux de travailler davantage.

　6) être　　Ils _____ très occupés.

3. CD を聞き、読まれた文を書きましょう。 CD 86

　1) _____　　　2) _____

　3) _____　　　4) _____

Révision 9 (～ Leçon 20)

Structure

Vocabulaire

□ 家・その他

appartement (*m*)	マンション
ascenseur (*m*)	エレベーター
cuisine (*f*)	台所
escalier (*m*)	階段
fenêtre (*f*)	窓
jardin (*m*)	庭
maison (*f*)	家
porte (*f*)	ドア
studio (*m*)	ワンルーム

□ さまざまな場所

aéroport (*m*)	空港
banque (*f*)	銀行
cinéma (*m*)	映画館
école (*f*)	学校
église (*f*)	教会
gare (*f*)	駅
hôpital (*m*)	病院
hôtel (*m*)	ホテル
mairie (*f*)	市役所
musée (*m*)	美術館
piscine (*f*)	プール
poste (*f*)	郵便局
restaurant (*m*)	レストラン
théâtre (*m*)	劇場
toilettes (*f pl*)	トイレ

□ 身体

bouche (*f*)	口
bras (*m*)	腕
cou (*m*)	首
dents (*f pl*)	歯
doigt (*m*)	指
dos (*m*)	背
épaule (*f*)	肩
jambe (*f*)	脚
nez (*m*)	鼻
pied (*m*)	足
tête (*f*)	頭
yeux (*m pl*)	目

Exercices

1. 関係代名詞 qui, que (qu') を書きましょう。

1) Quelle est la tour _____ on voit là-bas ?
2) Je cherche le musée _____ s'appelle l'Orangerie.
3) Le film _____ j'ai vu hier n'était pas très intéressant.
4) Comment s'appelle ton ami _____ habite 7 rue Victor Hugo ?

2. 例にならって書き換えましょう。

[例] Comme je n'ai pas assez d'argent, je ne peux pas t'inviter.
　　　→ Si j'avais assez d'argent, je pourrais t'inviter.

1) Comme il fait très chaud, je ne sors pas aujourd'hui.
　　　→ S'il ne _____ pas aussi chaud, je _____ faire un tour.
2) Yann a rendez-vous, il ne peut donc pas venir ce soir.
　　　→ Si Yann n' _____ pas rendez-vous, il _____ venir ce soir.
3) Comme on est pressés, on va prendre un taxi.
　　　→ Si on n' _____ pas si pressés, on _____ le bus.
4) Comme je le connais bien, je lui donne ton adresse.
　　　→ Si je ne le _____ pas bien, je ne lui _____ pas ton addresse.

3. 例にならって書き換えましょう。

[例] Vous prenez du pain ?　　– Oui, j'en prends. / – Non, je n'en prends pas.

1) Vous écoutez souvent du jazz ?
　　　– Oui, _____. / – Non, _____.
2) Vous faites souvent de l'aïkido ?
　　　– Oui, _____. / – Non, _____.
3) Vous voulez du café ?
　　　– Oui, _____ bien. / – Non, _____.
4) Vous mettez de la crème dans votre café ?
　　　– Oui, _____. / – Non, _____.

Leçon 21 : Je vais économiser en travaillant.

CD 87

Yann : Bon, alors je vais économiser en travaillant pendant les vacances.

Miki : Oui, c'est une bonne idée. Tiens, en parlant de voyage, quand est-ce qu'on partira à Saint-Malo ?

Grammaire

1. ジェロンディフ CD 88

〈en ＋現在分詞〉の形で、同時性、手段、条件などを表します。

・同時性（～しながら）

  Je travaille *en écoutant* de la musique.

・手段・条件（～することによって／～すれば）

  En se dépêchant, on arrivera à l'heure.

  En parlant de ta sœur, la voilà !

☐ 現在分詞

  1) 現在形1人称複数形の語幹＋ ant

   parler → parl***ant***   finir → finiss***ant***   faire → fais***ant***

   Je connais bien le garçon ***parlant*** avec Miki. (parlant = qui parle)

  2) 語幹の例外 être → ét***ant***   avoir → ay***ant***   savoir → sach***ant***

2. 単純未来 CD 88′

未来の行為や状態を表します。

活用語尾

je	**-rai**	nous	**-rons**
tu	**-ras**	vous	**-rez**
il / elle	**-ra**	ils / elles	**-ront**

arriver

j' arrive**rai**	nous arrive**rons**
tu arrive**ras**	vous arrive**rez**
il / elle arrive**ra**	ils / elles arrive**ront**

pouvoir

je pour**rai**	nous pour**rons**
tu pour**ras**	vous pour**rez**
il / elle pour**ra**	ils / elles pour**ront**

réussir

je réussi**rai**	nous réussi**rons**
tu réussi**ras**	vous réussi**rez**
il / elle réussi**ra**	ils / elles réussi**ront**

◆ 語幹は条件法と同じです。(*p.64 Leçon 20* 参照)

3. 動詞 **partir** 「出発する」 CD 88'

	partir (過去分詞 : parti)	
je **pars**	nous **partons**	Je **pars** à [pour] Paris.
tu **pars**	vous **partez**	Tu **pars** quand en vacances ?
il / elle **part**	ils / elles **partent**	Elle **est** déjà **partie**.

ACTIVITÉS CD 89

例にならって会話しましょう。

Comment est-ce que *tu vas économiser ?*

En *travaillant pendant les vacances.*

1) vous allez avoir des renseignements / surfer sur Internet

2) on peut arriver à l'heure / prendre un taxi ou le R.E.R.

EXERCICES

1. 下線部をジェロンディフに書き換えましょう。

   1) Il ne faut pas utiliser ton portable <u>pendant que tu marches</u>.
   2) Il ne faut pas téléphoner <u>quand vous prenez</u> le volant.
   3) Contactez-moi <u>quand vous arrivez</u> à la gare.
   4) Éteins la lumière <u>quand tu sors</u>.
   5) <u>Si tu travailles</u> dur, tu réussiras.
   6) <u>Si tu réfléchis</u> bien, tu trouvera une solution.

2. 近接未来の文を単純未来の文に書き換えましょう。

   1) Je vais partir à Rennes.
   2) Tu vas finir le travail.
   3) Il va faire beau cet après-midi.
   4) Nous allons prendre un taxi.
   5) Vous allez avoir vingt ans ?
   6) Elles vont arriver vers midi.

3. CDを聞き、読まれた文にできるだけ代名詞を使って答えを書きましょう。 CD 90

   1) Nous _____ en août.
   2) Je _____ ce soir.
   3) Il _____ ce week-end.
   4) Vous _____ jamais.

Leçon 22 : Il faut que je réserve un hôtel.

 CD 91

Yann : Ah oui, tu as raison, il faut qu'on organise ça : il faut que je réserve rapidement un hôtel et que j'achète les billets de train.

Miki : Oui, comme c'est très touristique, Saint-Malo, il vaut mieux qu'on s'y prenne un peu à l'avance.

Grammaire

1. 接続法 CD 92

ほとんど従属節中で用いられ、接続詞 que に先行されます。

活用語尾		réserver		aller		prendre	
je	-e	je	réserve	j'	aille	je	prenne
tu	-es	tu	réserves	tu	ailles	tu	prennes
il / elle	-e	il / elle	réserve	il / elle	aille	il / elle	prenne
nous	-ions	nous	réservions	nous	allions	nous	prenions
vous	-iez	vous	réserviez	vous	alliez	vous	preniez
ils / elles	-ent	ils / elles	réservent	ils / elles	aillent	ils / elles	prennent

◆ 例外

venir		attendre		être		avoir	
je	vienne	j'	attende	je	sois	j'	aie
tu	viennes	tu	attendes	tu	sois	tu	aies
il / elle	vienne	il / elle	attende	il / elle	soit	il / elle	ait
nous	venions	nous	attendions	nous	soyons	nous	ayons
vous	veniez	vous	attendiez	vous	soyez	vous	ayez
ils / elles	viennent	ils / elles	attendent	ils / elles	soient	ils / elles	aient

Il vaut mieux que tu *prennes* un taxi.

Il faut que je *sois* là à huit heures.

2. 接続法の用法 CD 92'

□ 従属節に接続法を要求する表現

vouloir que「欲する」　　souhaiter que「願う」　　il semble que「〜のように思われる」

il est possible que「〜かも知れない」

　Je *souhaite que* vous **passiez** de bonnes vacances.

　Il est possible qu'ils ne **viennent** pas.

ACTIVITÉS CD 93

例にならって会話しましょう。

　Ce n'est pas la peine de *réserver une table* ?

　　　　　　　　Si, il vaut mieux qu'on *réserve une table*.

　1) attendre Yann　　　　2) venir demain
　3) contacter Miki

EXERCICES

1. 例にならい、書き換えましょう。

[例] Il me faut réserver rapidement un hôtel.（me は間接目的語）

　　→ Il faut que je réserve rapidement un hôtel.

　1) Il me faut attendre sa sœur.

　　→ (je) _____

　2) Il te faut être là à midi.

　　→ (tu) _____

　3) Il lui faut avoir du courage.

　　→ (elle) _____

　4) Il nous faut aller chercher Miwa à l'aéroport.

　　→ (nous) _____

　5) Il vous faut venir à la réunion.

　　→ (vous) _____

　6) Il leur faut prendre un taxi.

　　→ (ils) _____

2. CD を聞き、読まれた文を書きましょう。CD 94

　1) _____
　2) _____
　3) _____
　4) _____

Leçon 23 — Il m'a dit qu'il serait absent.

 CD 95

Miki : Tu m'as dit que tu connaissais quelqu'un qui habite à Saint-Malo, n'est-ce pas ? On ne pourrait pas dormir chez lui ?

Yann : Malheureusement, il m'a dit qu'il serait absent pendant notre séjour…

Miki : Ah bon ? C'est dommage ça…
Alors il faut vraiment qu'on trouve un hôtel !

Grammaire

1. 話法　CD 96

1) 直接話法：ある人の言葉を、そのままの形で人に伝える話法。

   Il dit : « Je suis très occupé en ce moment. »

   Il a dit : « Je suis très occupé en ce moment. »

2) 間接話法：ある人の言葉の内容を、伝達者の言葉で伝える話法。主語の動詞が過去の時は que 以下の時制を一致させます。

   Il dit qu'il est très occupé en ce moment.

   Il a dit qu'il était très occupé à ce moment-là.

2. 条件法の用法 (2) 過去における未来　CD 96'

過去の時点から見て未来に属する事柄を表します。

Il a dit : « J'aurai vingt ans dans un mois. »
　　　　　　　　　　　→ Il a dit qu'*il aurait* vingt ans dans un mois.

Il a dit : « Je sortirai avec Miki samedi. »
　　　　　　　　　　　→ Il a dit qu'*il sortirait* avec Miki samedi.

Il a dit : « Il fera beau demain. »　→ Il a dit qu'*il ferait* beau *le lendemain*.

Expressions

1) quelqu'un 「誰か / ひと」 / ne ... personne 「誰も〜ない」

   Il y a **quelqu'un** ?　　– Il **n'**y a **personne**.

   Je connais **quelqu'un** qui habite à Rennes.

2) quelque chose 「何か / こと」 / ne ... rien 「何も〜ない」

   Il y a **quelque chose** à manger ?　　– Non, il **n'**y a **rien** à manger.

Activités　CD 97

例にならって会話しましょう。

On ne pourrait pas *dormir chez lui* ?

　　　　　　　　　　　　　　Non, malheureusement.

　1) avoir un autre sachet　　2) fumer ici　　3) sortir

Exercices

1. 例にならい、文を書き換えましょう。

［例］Elle dit : « J'arrive tout de suite. »　→ Elle dit qu'**elle arrive** tout de suite.

   1) Il dit : « Je vais partir. »

      → Il dit qu' _____ _____ partir.

   2) Elle dit : « Je suis française. »

      → Elle dit qu' _____ _____ française.

   3) Tu as dit : « Je verrai Alice demain. »

      → Tu as dit que tu _____ Alice le lendemain.

   4) Vous avez dit : « Nous irons en France. »

      → Vous avez dit que vous _____ en France.

2. CD を聞き、読まれた文を間接話法の文に書き換えましょう。CD 98

   1) Il dit _____ .
   2) Elles disent _____ .
   3) Il a dit _____ .
   4) Elle a dit _____ .

Révision 10 (〜 Leçon 23)

Structure

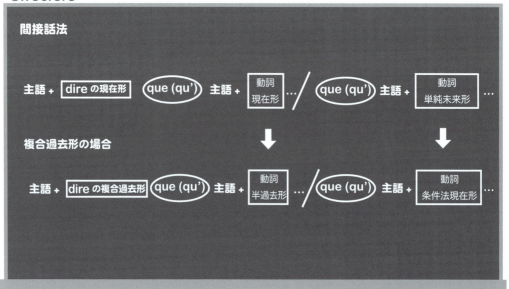

基本文型

(1) 主語 (S) ＋動詞 (V)［＋状況補語 (CC)］

    <u>Miki</u> <u>voyage</u>［<u>souvent</u>］.
     S   V   CC

(2) 主語 (S) ＋動詞 (V) ＋属詞 (A)［＋状況補語 (CC)］

    <u>Yann</u> <u>est</u> <u>étudiant</u>［<u>à l'université de Rennes</u>］.
     S   V   A   CC

(3) 主語 (S) ＋動詞 (V) ＋直接目的補語 (COD)

    <u>Miki</u> <u>aime</u> <u>la peinture</u>.
     S   V   COD

(4) 主語 (S) ＋動詞 (V) ＋間接目的補語 (COI)

    <u>Alice</u> <u>téléphone</u> <u>à Roland</u>.
     S   V   COI

(5) 主語 (S) ＋動詞 (V) ＋直接目的補語 (COD) ＋間接目的補語 (COI)

    <u>Yann</u> <u>présente</u> <u>Miki</u> <u>à Roland</u>.
     S   V   COD   COI

(6) 主語 (S) ＋動詞 (V) ＋直接目的補語 (COD) ＋属詞 (A)

    <u>Miki</u> <u>trouve</u> <u>Roland et Alice</u> <u>très sympathiques</u>.
     S   V   COD   A

◆ ［ ］内の部分は、文の内容を補うもので、この文型にとって必須の要素ではありません。

Exercices

1. 指示された動詞をジェロンディフにして書きましょう。

1) écouter   J'écris _____ la radio.
2) dormir   Tu parlais _____ .
3) dire   Il est parti _____ adieu.
4) boire   Vous travaillez _____ ?
5) lire   Ils mangent _____ le journal.
6) faire   Elle parle avec une amie au téléphone _____ la cuisine.

2. 指示された動詞の接続法活用形を書きましょう。

1) avoir   Je voudrais que tu _____ de la persévérance.
2) faire   Je souhaite qu'il _____ des efforts pour réussir.
3) arriver   Il est possible qu'elles _____ en retard.
4) choisir   Il faut que nous _____ une profession.
5) être   Il semble qu'ils _____ fâchés contre nous.
6) mettre   Il vaut mieux que vous _____ un peu plus de sel.

3. 指示された動詞の条件法（過去未来）活用形を書きましょう。

1) acheter   Il a dit qu'il _____ un appartement.
2) être   Il a dit que ses parents _____ contents.
3) finir   Il a dit que vous _____ ce travail ce soir.
4) partir   Il a dit qu'elle _____ avant la fin du mois.
5) prendre   Il a dit qu'elle _____ ses vacances en août.
6) venir   Il a dit que tu _____ le lendemain.

4. 直接話法の文に書き換えましょう。

1) Il a dit qu'il partirait en vacances en juin.

   Il a dit « _____ . »

2) Il a dit que j'étais très gentille.

   Il a dit « _____ . »

3) Il a dit que ses parents allaient visiter la Bretagne dans un mois.

   Il a dit « _____ . »

4) Il a dit que sa sœur faisait du théâtre.

   Il a dit « _____ . »

APPENDICE

1. 疑問文

疑問文には3通りの形式があります。

1) 全体疑問（＝「はい」「いいえ」の答えを求める）

① イントネーションによる (Leçon 2)

Elle aime le café ?　　　　　　　　Miki aime le café ?

② Est-ce que を文頭に置く (Leçon 2)

Est-ce qu'elle aime le café ?　　　***Est-ce que*** Miki aime le café ?

③ 倒置（主語と動詞の語順を逆にする）

Aime-t-elle le café ?　　　　　　Miki ***aime-t-elle*** le café ?

◆ 主語が名詞の場合、人称代名詞に置き換え、それと動詞を倒置します。
◆ -er 動詞、avoir, aller の3人称単数では、発音上の理由から、間に -t- を挿入します。

il/elle a →　a-***t***-il/elle　　　il/elle va →　va-***t***-il/elle

2) 部分疑問（＝疑問詞がある）

① イントネーションによる

Il habite où ?　　　　　　　　　　Yann habite où ?

② Est-ce que を文頭に置く

Où ***est-ce qu'***il habite ?　　　　　Où ***est-ce que*** Yann habite ?

③ 倒置（主語と動詞の語順を逆にする）

Où ***habite-t-il*** ?　　　　　　　　Où ***habite Yann*** ?

2. 疑問代名詞

1)「人」

主語 （誰が）	qui qui est-ce qui	*Qui* est là ? *Qui est-ce qui* est là ?
属詞 （〜は誰）	qui	*Qui* est-ce ? C'est *qui* ?
直接目的 （誰を）	qui qui est-ce que	*Qui* aimes-tu ? *Qui est-ce que* tu aimes ? Tu aimes *qui* ?
間接目的・状況補語	前置詞＋ qui 前置詞＋ qui est-ce que	À *qui* téléphones-tu ? À *qui est-ce que* tu téléphones ? Tu téléphones *à qui* ?

Qui est là ? — C'est moi.
Qui est-ce ? — C'est ma sœur. / Ce sont mes parents.
Qui invites-tu ? — J'invite Miki.
Avec qui vas-tu à Rennes ? — J'y vais avec Yann.

2) 「もの」

主語（何が）	qu'est-ce qui	*Qu'est-ce qui* se passe ?
属詞（〜は何）	qu'est-ce que quoi	*Qu'est-ce que* c'est ? C'est *quoi* ?
直接目的 （何を）	que qu'est-ce que quoi	*Que* fais-tu ? *Qu'est-ce que* tu fais ? Tu fais *quoi* ?
間接目的・状況補語	前置詞＋ **quoi** 前置詞＋ **quoi est-ce que**	*À quoi* penses-tu ? *À quoi* est-ce que tu penses ? Tu penses *à quoi* ?

Qu'est-ce qui se passe ? — Ce serait un accident de voiture.
Qu'est-ce que c'est ? — C'est une tablette. / Ce sont des tablettes.
Que cherches-tu ? — Je cherche mon portefeuille.

3. 疑問副詞

où	*Où* vas-tu ? – Je vais à la gare.
quand	*Quand* pars-tu ? – Je pars demain matin.
comment	*Comment* ça va ? – Ça va bien.
pourquoi	*Pourquoi* tu ne viens pas ? – Parce que j'ai rendez-vous.
combien combien de (d')	C'est *combien* ? – C'est 10 euros vingt. Tu as *combien de* cours ? – J'ai deux cours.

4. 関係代名詞

1) **qui**

C'est un restaurant *qui* est ouvert jusqu'à minuit.

C'est une chanteuse *qui* est populaire au Japon.

APPENDICE

2) **que (qu')**

　C'est un restaurant *que* j'aime beaucoup.

　C'est une actrice *que* j'adore.

3) **où**

　C'est le restaurant *où* je vais dîner de temps en temps.

　C'est le jour *où* j'ai rencontré Miki pour la première fois.

4) **dont**

　C'est un hôtel *dont* je ne connais pas le nom.

　C'est un ami *dont* le père est musicien.

5. 代名動詞の複合過去

助動詞には être を用います。過去分詞は主語の性数に一致します。

je	me suis	couché(e)	nous	nous sommes	couché(e)s
tu	t'es	couché(e)	vous	vous êtes	couché(e)(s)
il	s'est	couché	ils	se sont	couchés
elle	s'est	couchée	elles	se sont	couchées

　Je *me suis* couché à minuit.（主語が男性の場合）

　Je *me suis* couchée à minuit.（主語が女性の場合）

6. 受動態

> être ＋ 過去分詞（直接他動詞）par / de …　…から〜される

　Yann invite [a invité] Miki à dîner.「ヤンはミキを夕食に招待する［招待した］」

　→ Miki *est invitée* [*a été invitée*] à dîner *par* Yann.

　　　　　　　　　　　　　　「ミキはヤンから夕食に招待される［招待された］」

　Tout le monde aime Miki.「みんながミキを愛している」

　→ Miki *est aimée de* tout le monde.「ミキはみんなから愛されている」

7. 形容詞の性数変化のパターン

	(1)	(2)	(3)	(4)	(5)
男性単数	petit	rouge	sérieux	sportif	cher
女性単数	pet*ite*	rouge	sérieu*se*	sport*ive*	ch*è*re
男性複数	petit*s*	rouge*s*	sérieux	sportif*s*	cher*s*
女性複数	petite*s*	rouge*s*	sérieu*ses*	sport*ives*	ch*è*re*s*

	(6)					(7)
男性単数	bon	gros	violet	gentil	actuel	national
女性単数	bon*ne*	gros*se*	violet*te*	gentil*le*	actuel*le*	nationale
男性複数	bon*s*	gros	violet*s*	gentil*s*	actuel*s*	*nation**aux***
女性複数	bon*nes*	gros*ses*	violet*tes*	gentil*les*	actuel*les*	nationales

	(8)					
男性単数	blanc	doux	faux	frais	long	sec
女性単数	*blanche*	*douce*	*fausse*	*fraîche*	*longue*	*sèche*
男性複数	blancs	doux	faux	frais	longs	secs
女性複数	*blanches*	*douces*	*fausses*	*fraîches*	*longues*	*sèches*

(1) grand / bleu / vert

(2) jaune / jeune / difficile / sympathique

(3) heureux / dangereux / studieux

(4) actif / neuf / maladif

(5) léger / premier / dernier // complet

(6) moyen / italien / ancien // bas / gras // net // naturel / réel

(7) 男性複数形のみ特殊な変化 social / mondial / régional

(8) 女性形のみ特殊な変化

数詞　**Chiffres et nombres** 　CD 99

0 zéro	30 trente	80 quatre-vingts
1 un / une	31 trente et un	81 quatre-vingt-un
2 deux	32 trente-deux	82 quatre-vingt-deux
3 trois	⋮	83 quatre-vingt-trois
4 quatre	39 trente-neuf	84 quatre-vingt-quatre
5 cinq	40 quarante	85 quatre-vingt-cinq
6 six	41 quarante et un	86 quatre-vingt-six
7 sept	42 quarante-deux	87 quatre-vingt-sept
8 huit	⋮	88 quatre-vingt-huit
9 neuf	49 quarante-neuf	89 quatre-vingt-neuf
10 dix	50 cinquante	90 quatre-vingt-dix
11 onze	51 cinquante et un	91 quatre-vingt-onze
12 douze	52 cinquante-deux	92 quatre-vingt-douze
13 treize	⋮	93 quatre-vingt-treize
14 quatorze	59 cinquante-neuf	94 quatre-vingt-quatorze
15 quinze	60 soixante	95 quatre-vingt-quinze
16 seize	61 soixante et un	96 quatre-vingt-seize
17 dix-sept	62 soixante-deux	97 quatre-vingt-dix-sept
18 dix-huit	⋮	98 quatre-vingt-dix-huit
19 dix-neuf	69 soixante-neuf	99 quatre-vingt-dix-neuf
20 vingt	70 soixante-dix	100 cent
21 vingt et un	71 soixante et onze	200 deux cents
22 vingt-deux	72 soixante-douze	201 deux cent un
23 vingt-trois	73 soixante-treize	⋮
24 vingt-quatre	74 soixante-quatorze	210 deux cent dix
25 vingt-cinq	75 soixante-quinze	⋮
26 vingt-six	76 soixante-seize	1000 mille
27 vingt-sept	77 soixante-dix-sept	1997 mille neuf cent quatre-vingt-dix-sept
28 vingt-huit	78 soixante-dix-huit	2000 deux mille
29 vingt-neuf	79 soixante-dix-neuf	2001 deux mille un

著者紹介

ル・ルー ブレンダン（Brendan LE ROUX）
　帝京大学外国語学部専任講師

中川 髙行（なかがわ たかゆき）
　東京理科大学、東京経済大学ほか非常勤講師

ボン・ジュルネ！

2017年3月 1 日　印刷
2017年3月10日　発行

著　者 © ル・ルー　ブレンダン
　　　　中　川　高　行
発行者　及　川　直　志
印刷所　研究社印刷株式会社

〒101-0052 東京都千代田区神田小川町3の24
発行所　電話 03-3291-7811（営業部），7821（編集部）　株式会社白水社
　　　　http://www.hakusuisha.co.jp
　　　　乱丁・落丁本は送料小社負担にてお取り替えいたします。

振替　00190-5-33228　　Printed in Japan　　誠製本株式会社

ISBN978-4-560-06123-7

▷本書のスキャン、デジタル化等の無断複製は著作権法上での例外を除き禁じられています。本書を代行業者等の第三者に依頼してスキャンやデジタル化することはたとえ個人や家庭内での利用であっても著作権法上認められていません。

よくわかる学習辞典のナンバーワン！

ディコ仏和辞典 （新装版）

中條屋 進／丸山義博／G.メランベルジェ／吉川一義 [編]

定評ある学習辞典．語数 35000．カナ発音付．和仏も充実．
(2色刷) B6変型 1817頁 定価（本体 3700 円＋税）

パスポート初級仏和辞典 (第3版)
内藤陽哉／玉田健二／C.レヴィ アルヴァレス [編]

超ビギナー向け，いたれりつくせりの入門辞典．語数 5000．カナ発音付．カット多数．
(2色刷)
B6判 364頁 定価(本体 2600 円＋税) 【シングルCD付】

パスポート仏和・和仏小辞典 第2版
内藤陽哉／玉田健二／C.レヴィ アルヴァレス [編]

小さなボディで大活躍！
語数仏和 20000＋和仏 8000．カナ発音付．
(2色刷) B小型 701頁 定価（本体 2500 円＋税）

入門書

わたしのフランス語
32のフレーズでこんなに伝わる
佐藤 康 [著]　「超」入門の決定版！
(2色刷) A5判 159頁 定価（本体 1700 円＋税）【CD付】

フラ語入門, わかりやすいにもホドがある！(改訂版)
清岡智比古 [著]　楽しく学べる入門書．
(2色刷) A5判 197頁 定価（本体 1600 円＋税）【CD付】

ニューエクスプレス フランス語
東郷雄二 [著] はじめての入門書◆決定版！
(2色刷) A5判 147頁 定価（本体 1900 円＋税）【CD付】

フランス語のＡＢＣ (新装版)
数江譲治 [著] 文法主体，入門書のロングセラー．
(2色刷) 四六判 274頁 定価（本体 2000 円＋税）【CD付】

動詞活用

フラ語動詞, こんなにわかっていいかしら？
清岡智比古 [著]　　　　　　　　　　(改訂版)
大胆不敵なオール読みカナ付き！
(2色刷) A5判 144頁 定価（本体 1600 円＋税）【CD付】

徹底整理フランス語　動詞のしくみ
高橋信良／久保田剛史 [著]
基本動詞55の全活用パターンと全音源収録！
A5判 134頁 定価（本体 1900 円＋税）【MP3 CD-ROM付】

問題集

フランス文法はじめての練習帳
中村敦子 [著]　まずはこの一冊をやりきろう！
A5判 186頁 定価（本体 1600 円＋税）

15日間フランス文法おさらい帳
中村敦子 [著]　ドリル式で苦手項目を克服！
A5判 155頁 定価（本体 1700 円＋税）

フランス語表現とことんトレーニング
中野 茂 [著]
A5判 176頁 定価（本体 1700 円＋税）

仏検対策 5級問題集 改訂版
小倉博史／モーリス・ジャケ／舟杉真一 [編著]
A5判 137頁 定価（本体 1800 円＋税）【CD付】

仏検対策 4級問題集 改訂版
小倉博史／モーリス・ジャケ／舟杉真一 [編著]
A5判 157頁 定価（本体 1800 円＋税）【CD付】

日記／Ｅメール

フランス語で日記をつけよう
長野 督 [著]
A5判 184頁 定価（本体 1700 円＋税）

Ｅメールのフランス語 [増補版]
書類の書き方文例つき
田中幸子／イザベル・フォルテット／川合ジョルジェット [著]
A5判 216頁 定価（本体 2000 円＋税）

単語集

フラ語ボキャブラ, 単語王とはおこがましい！
清岡智比古 [著]　　　　　　　　　(改訂版)
(2色刷) A5判 256頁 定価（本体 1900 円＋税）【CD2枚付】

発音

声に出すフランス語 即答練習ドリル
高岡優希／ジャン=ノエル・ポレ／クロチルド・ペシェ／ダニエル・デュジョ [著]
A5判 120頁 定価（本体 2100 円＋税）【CD2枚付】

重版にあたり，価格が変更になることがありますので，ご了承ください．

動詞活用表

1	avoir	18	écrire	35	pouvoir
2	être	19	employer	36	préférer
3	aimer	20	envoyer	37	prendre
4	finir	21	faire	38	recevoir
5	acheter	22	falloir	39	rendre
6	aller	23	fuir	40	résoudre
7	appeler	24	lire	41	rire
8	asseoir	25	manger	42	savoir
9	battre	26	mettre	43	suffire
10	boire	27	mourir	44	suivre
11	conduire	28	naître	45	vaincre
12	connaître	29	ouvrir	46	valoir
13	courir	30	partir	47	venir
14	craindre	31	payer	48	vivre
15	croire	32	placer	49	voir
16	devoir	33	plaire	50	vouloir
17	dire	34	pleuvoir		

不定法	直 説 法			
① **avoir** 現在分詞 ayant 過去分詞 eu [y]	現　在 j'　　ai [e] tu　　as il　　a nous　avons vous　avez ils　　ont	半過去 j'　　avais tu　　avais il　　avait nous　avions vous　aviez ils　　avaient	単純過去 j'　　eus [y] tu　　eus il　　eut nous　eûmes vous　eûtes ils　　eurent	単純未来 j'　　aurai tu　　auras il　　aura nous　aurons vous　aurez ils　　auront
	複合過去 j'　　ai　　eu tu　　as　　eu il　　a　　eu nous　avons eu vous　avez　eu ils　　ont　eu	大過去 j'　　avais　eu tu　　avais　eu il　　avait　eu nous　avions eu vous　aviez　eu ils　　avaient eu	前過去 j'　　eus　　eu tu　　eus　　eu il　　eut　　eu nous　eûmes eu vous　eûtes eu ils　　eurent eu	前未来 j'　　aurai　eu tu　　auras　eu il　　aura　eu nous　aurons eu vous　aurez eu ils　　auront eu
② **être** 現在分詞 étant 過去分詞 été	現　在 je　　suis tu　　es il　　est nous　sommes vous　êtes ils　　sont	半過去 j'　　étais tu　　étais il　　était nous　étions vous　étiez ils　　étaient	単純過去 je　　fus tu　　fus il　　fut nous　fûmes vous　fûtes ils　　furent	単純未来 je　　serai tu　　seras il　　sera nous　serons vous　serez ils　　seront
	複合過去 j'　　ai　　été tu　　as　　été il　　a　　été nous　avons été vous　avez été ils　　ont　été	大過去 j'　　avais　été tu　　avais　été il　　avait　été nous　avions été vous　aviez été ils　　avaient été	前過去 j'　　eus　　été tu　　eus　　été il　　eut　　été nous　eûmes été vous　eûtes été ils　　eurent été	前未来 j'　　aurai été tu　　auras été il　　aura　été nous　aurons été vous　aurez été ils　　auront été
③ **aimer** 現在分詞 aimant 過去分詞 aimé 第1群 規則動詞	現　在 j'　　aime tu　　aimes il　　aime nous　aimons vous　aimez ils　　aiment	半過去 j'　　aimais tu　　aimais il　　aimait nous　aimions vous　aimiez ils　　aimaient	単純過去 j'　　aimai tu　　aimas il　　aima nous　aimâmes vous　aimâtes ils　　aimèrent	単純未来 j'　　aimerai tu　　aimeras il　　aimera nous　aimerons vous　aimerez ils　　aimeront
	複合過去 j'　　ai　　aimé tu　　as　　aimé il　　a　　aimé nous　avons aimé vous　avez aimé ils　　ont　aimé	大過去 j'　　avais　aimé tu　　avais　aimé il　　avait　aimé nous　avions aimé vous　aviez aimé ils　　avaient aimé	前過去 j'　　eus　　aimé tu　　eus　　aimé il　　eut　　aimé nous　eûmes aimé vous　eûtes aimé ils　　eurent aimé	前未来 j'　　aurai aimé tu　　auras aimé il　　aura aimé nous　aurons aimé vous　aurez aimé ils　　auront aimé
④ **finir** 現在分詞 finissant 過去分詞 fini 第2群 規則動詞	現　在 je　　finis tu　　finis il　　finit nous　finissons vous　finissez ils　　finissent	半過去 je　　finissais tu　　finissais il　　finissait nous　finissions vous　finissiez ils　　finissaient	単純過去 je　　finis tu　　finis il　　finit nous　finîmes vous　finîtes ils　　finirent	単純未来 je　　finirai tu　　finiras il　　finira nous　finirons vous　finirez ils　　finiront
	複合過去 j'　　ai　　fini tu　　as　　fini il　　a　　fini nous　avons fini vous　avez fini ils　　ont　fini	大過去 j'　　avais　fini tu　　avais　fini il　　avait　fini nous　avions fini vous　aviez fini ils　　avaient fini	前過去 j'　　eus　　fini tu　　eus　　fini il　　eut　　fini nous　eûmes fini vous　eûtes fini ils　　eurent fini	前未来 j'　　aurai fini tu　　auras fini il　　aura fini nous　aurons fini vous　aurez fini ils　　auront fini

条件法	接続法		命令法
現在	現在	半過去	
j' aurais tu aurais il aurait nous aurions vous auriez ils auraient	j' aie [ε] tu aies il ait nous ayons vous ayez ils aient	j' eusse tu eusses il eût nous eussions vous eussiez ils eussent	aie ayons ayez
過去	過去	大過去	
j' aurais eu tu aurais eu il aurait eu nous aurions eu vous auriez eu ils auraient eu	j' aie eu tu aies eu il ait eu nous ayons eu vous ayez eu ils aient eu	j' eusse eu tu eusses eu il eût eu nous eussions eu vous eussiez eu ils eussent eu	
現在	現在	半過去	
je serais tu serais il serait nous serions vous seriez ils seraient	je sois tu sois il soit nous soyons vous soyez ils soient	je fusse tu fusses il fût nous fussions vous fussiez ils fussent	sois soyons soyez
過去	過去	大過去	
j' aurais été tu aurais été il aurait été nous aurions été vous auriez été ils auraient été	j' aie été tu aies été il ait été nous ayons été vous ayez été ils aient été	j' eusse été tu eusses été il eût été nous eussions été vous eussiez été ils eussent été	
現在	現在	半過去	
j' aimerais tu aimerais il aimerait nous aimerions vous aimeriez ils aimeraient	j' aime tu aimes il aime nous aimions vous aimiez ils aiment	j' aimasse tu aimasses il aimât nous aimassions vous aimassiez ils aimassent	aime aimons aimez
過去	過去	大過去	
j' aurais aimé tu aurais aimé il aurait aimé nous aurions aimé vous auriez aimé ils auraient aimé	j' aie aimé tu aies aimé il ait aimé nous ayons aimé vous ayez aimé ils aient aimé	j' eusse aimé tu eusses aimé il eût aimé nous eussions aimé vous eussiez aimé ils eussent aimé	
現在	現在	半過去	
je finirais tu finirais il finirait nous finirions vous finiriez ils finiraient	je finisse tu finisses il finisse nous finissions vous finissiez ils finissent	je finisse tu finisses il finît nous finissions vous finissiez ils finissent	finis finissons finissez
過去	過去	大過去	
j' aurais fini tu aurais fini il aurait fini nous aurions fini vous auriez fini ils auraient fini	j' aie fini tu aies fini il ait fini nous ayons fini vous ayez fini ils aient fini	j' eusse fini tu eusses fini il eût fini nous eussions fini vous eussiez fini ils eussent fini	

不定法 現在分詞 過去分詞	直 説 法			
	現　在	半　過　去	単　純　過　去	単　純　未　来
⑤ **acheter** achetant acheté	j'　achète tu　achètes il　achète n.　achetons v.　achetez ils　achètent	j'　achetais tu　achetais il　achetait n.　achetions v.　achetiez ils　achetaient	j'　achetai tu　achetas il　acheta n.　achetâmes v.　achetâtes ils　achetèrent	j'　achèterai tu　achèteras il　achètera n.　achèterons v.　achèterez ils　achèteront
⑥ **aller** allant allé	je　**vais** tu　**vas** il　**va** n.　allons v.　allez ils　**vont**	j'　allais tu　allais il　allait n.　allions v.　alliez ils　allaient	j'　allai tu　allas il　alla n.　allâmes v.　allâtes ils　allèrent	j'　irai tu　iras il　ira n.　irons v.　irez ils　iront
⑦ **appeler** appelant appelé	j'　appelle tu　appelles il　appelle n.　appelons v.　appelez ils　appellent	j'　appelais tu　appelais il　appelait n.　appelions v.　appeliez ils　appelaient	j'　appelai tu　appelas il　appela n.　appelâmes v.　appelâtes ils　appelèrent	j'　appellerai tu　appelleras il　appellera n.　appellerons v.　appellerez ils　appelleront
⑧ **asseoir** asseyant (assoyant) assis	j'　assieds [asje] tu　assieds il　assied n.　asseyons v.　asseyez ils　asseyent --- j'　assois tu　assois il　assoit n.　assoyons v.　assoyez ils　assoient	j'　asseyais tu　asseyais il　asseyait n.　asseyions v.　asseyiez ils　asseyaient --- j'　assoyais tu　assoyais il　assoyait n.　assoyions v.　assoyiez ils　assoyaient	j'　assis tu　assis il　assit n.　assîmes v.　assîtes ils　assirent	j'　assiérai tu　assiéras il　assiéra n.　assiérons v.　assiérez ils　assiéront --- j'　assoirai tu　assoiras il　assoira n.　assoirons v.　assoirez ils　assoiront
⑨ **battre** battant battu	je　bats tu　bats il　bat n.　battons v.　battez ils　battent	je　battais tu　battais il　battait n.　battions v.　battiez ils　battaient	je　battis tu　battis il　battit n.　battîmes v.　battîtes ils　battirent	je　battrai tu　battras il　battra n.　battrons v.　battrez ils　battront
⑩ **boire** buvant bu	je　bois tu　bois il　boit n.　buvons v.　buvez ils　boivent	je　buvais tu　buvais il　buvait n.　buvions v.　buviez ils　buvaient	je　bus tu　bus il　but n.　bûmes v.　bûtes ils　burent	je　boirai tu　boiras il　boira n.　boirons v.　boirez ils　boiront
⑪ **conduire** conduisant conduit	je　conduis tu　conduis il　conduit n.　conduisons v.　conduisez ils　conduisent	je　conduisais tu　conduisais il　conduisait n.　conduisions v.　conduisiez ils　conduisaient	je　conduisis tu　conduisis il　conduisit n.　conduisîmes v.　conduisîtes ils　conduisirent	je　conduirai tu　conduiras il　conduira n.　conduirons v.　conduirez ils　conduiront

条件法	接続法		命令法	同型
現在	現在	半過去		
j' achèterais tu achèterais il achèterait n. achèterions v. achèteriez ils achèteraient	j' achète tu achètes il achète n. achetions v. achetiez ils achètent	j' achetasse tu achetasses il achetât n. achetassions v. achetassiez ils achetassent	achète achetons achetez	achever lever mener promener soulever
j' irais tu irais il irait n. irions v. iriez ils iraient	j' **aille** tu **aille**s il **aille** n. allions v. alliez ils **aille**nt	j' allasse tu allasses il allât n. allassions v. allassiez ils allassent	**va** allons allez	
j' appellerais tu appellerais il appellerait n. appellerions v. appelleriez ils appelleraient	j' appelle tu appelles il appelle n. appelions v. appeliez ils appellent	j' appelasse tu appelasses il appelât n. appelassions v. appelassiez ils appelassent	appelle appelons appelez	jeter rappeler
j' assiérais tu assiérais il assiérait n. assiérions v. assiériez ils assiéraient	j' asseye [asɛj] tu asseyes il asseye n. asseyions v. asseyiez ils asseyent	j' assisse tu assisses il assît n. assissions v. assissiez ils assissent	assieds asseyons asseyez	注 主として代名動詞 s'asseoir で使われる.
j' assoirais tu assoirais il assoirait n. assoirions v. assoiriez ils assoiraient	j' assoie tu assoies il assoie n. assoyions v. assoyiez ils assoient		assois assoyons assoyez	
je battrais tu battrais il battrait n. battrions v. battriez ils battraient	je batte tu battes il batte n. battions v. battiez ils battent	je battisse tu battisses il battît n. battissions v. battissiez ils battissent	bats battons battez	abattre combattre
je boirais tu boirais il boirait n. boirions v. boiriez ils boiraient	je boive tu boives il boive n. buvions v. buviez ils boivent	je busse tu busses il bût n. bussions v. bussiez ils bussent	bois buvons buvez	
je conduirais tu conduirais il conduirait n. conduirions v. conduiriez ils conduiraient	je conduise tu conduises il conduise n. conduisions v. conduisiez ils conduisent	je conduisisse tu conduisisses il conduisît n. conduisissions v. conduisissiez ils conduisissent	conduis conduisons conduisez	construire détruire instruire introduire produire traduire

不定法 現在分詞 過去分詞	直説法			
	現在	半過去	単純過去	単純未来
⑫ **connaître** connaissant connu	je connais tu connais il connaît n. connaissons v. connaissez ils connaissent	je connaissais tu connaissais il connaissait n. connaissions v. connaissiez ils connaissaient	je connus tu connus il connut n. connûmes v. connûtes ils connurent	je connaîtrai tu connaîtras il connaîtra n. connaîtrons v. connaîtrez ils connaîtront
⑬ **courir** courant couru	je cours tu cours il court n. courons v. courez ils courent	je courais tu courais il courait n. courions v. couriez ils couraient	je courus tu courus il courut n. courûmes v. courûtes ils coururent	je courrai tu courras il courra n. courrons v. courrez ils courront
⑭ **craindre** craignant craint	je crains tu crains il craint n. craignons v. craignez ils craignent	je craignais tu craignais il craignait n. craignions v. craigniez ils craignaient	je craignis tu craignis il craignit n. craignîmes v. craignîtes ils craignirent	je craindrai tu craindras il craindra n. craindrons v. craindrez ils craindront
⑮ **croire** croyant cru	je crois tu crois il croit n. croyons v. croyez ils croient	je croyais tu croyais il croyait n. croyions v. croyiez ils croyaient	je crus tu crus il crut n. crûmes v. crûtes ils crurent	je croirai tu croiras il croira n. croirons v. croirez ils croiront
⑯ **devoir** devant dû, due, dus, dues	je dois tu dois il doit n. devons v. devez ils doivent	je devais tu devais il devait n. devions v. deviez ils devaient	je dus tu dus il dut n. dûmes v. dûtes ils durent	je devrai tu devras il devra n. devrons v. devrez ils devront
⑰ **dire** disant dit	je dis tu dis il dit n. disons v. dites ils disent	je disais tu disais il disait n. disions v. disiez ils disaient	je dis tu dis il dit n. dîmes v. dîtes ils dirent	je dirai tu diras il dira n. dirons v. direz ils diront
⑱ **écrire** écrivant écrit	j' écris tu écris il écrit n. écrivons v. écrivez ils écrivent	j' écrivais tu écrivais il écrivait n. écrivions v. écriviez ils écrivaient	j' écrivis tu écrivis il écrivit n. écrivîmes v. écrivîtes ils écrivirent	j' écrirai tu écriras il écrira n. écrirons v. écrirez ils écriront
⑲ **employer** employant employé	j' emploie tu emploies il emploie n. employons v. employez ils emploient	j' employais tu employais il employait n. employions v. employiez ils employaient	j' employai tu employas il employa n. employâmes v. employâtes ils employèrent	j' emploierai tu emploieras il emploiera n. emploierons v. emploierez ils emploieront

条件法	接続法		命令法	同型
現在	現在	半過去		
je connaîtrais tu connaîtrais il connaîtrait n. connaîtrions v. connaîtriez ils connaîtraient	je connaisse tu connaisses il connaisse n. connaissions v. connaissiez ils connaissent	je connusse tu connusses il connût n. connussions v. connussiez ils connussent	connais connaissons connaissez	apparaître disparaître paraître reconnaître
je courrais tu courrais il courrait n. courrions v. courriez ils courraient	je coure tu coures il coure n. courions v. couriez ils courent	je courusse tu courusses il courût n. courussions v. courussiez ils courussent	cours courons courez	accourir parcourir
je craindrais tu craindrais il craindrait n. craindrions v. craindriez ils craindraient	je craigne tu craignes il craigne n. craignions v. craigniez ils craignent	je craignisse tu craignisses il craignît n. craignissions v. craignissiez ils craignissent	crains craignons craignez	atteindre éteindre joindre peindre plaindre
je croirais tu croirais il croirait n. croirions v. croiriez ils croiraient	je croie tu croies il croie n. croyions v. croyiez ils croient	je crusse tu crusses il crût n. crussions v. crussiez ils crussent	crois croyons croyez	
je devrais tu devrais il devrait n. devrions v. devriez ils devraient	je doive tu doives il doive n. devions v. deviez ils doivent	je dusse tu dusses il dût n. dussions v. dussiez ils dussent		
je dirais tu dirais il dirait n. dirions v. diriez ils diraient	je dise tu dises il dise n. disions v. disiez ils disent	je disse tu disses il dît n. dissions v. dissiez ils dissent	dis disons di**tes**	
j' écrirais tu écrirais il écrirait n. écririons v. écririez ils écriraient	j' écrive tu écrives il écrive n. écrivions v. écriviez ils écrivent	j' écrivisse tu écrivisses il écrivît n. écrivissions v. écrivissiez ils écrivissent	écris écrivons écrivez	décrire inscrire
j' emploierais tu emploierais il emploierait n. emploierions v. emploieriez ils emploieraient	j' emploie tu emploies il emploie n. employions v. employiez ils emploient	j' employasse tu employasses il employât n. employassions v. employassiez ils employassent	emploie employons employez	aboyer nettoyer noyer tutoyer

不定法 現在分詞 過去分詞	直説法			
	現在	半過去	単純過去	単純未来
⑳ **envoyer** envoyant envoyé	j' envoie tu envoies il envoie n. envoyons v. envoyez ils envoient	j' envoyais tu envoyais il envoyait n. envoyions v. envoyiez ils envoyaient	j' envoyai tu envoyas il envoya n. envoyâmes v. envoyâtes ils envoyèrent	j' enverrai tu enverras il enverra n. enverrons v. enverrez ils enverront
㉑ **faire** faisant [fəzɑ̃] fait	je fais [fɛ] tu fais il fait n. faisons [fəzɔ̃] v. faites [fɛt] ils font	je faisais [fəzɛ] tu faisais il faisait n. faisions v. faisiez ils faisaient	je fis tu fis il fit n. fîmes v. fîtes ils firent	je ferai tu feras il fera n. ferons v. ferez ils feront
㉒ **falloir** — fallu	il faut	il fallait	il fallut	il faudra
㉓ **fuir** fuyant fui	je fuis tu fuis il fuit n. fuyons v. fuyez ils fuient	je fuyais tu fuyais il fuyait n. fuyions v. fuyiez ils fuyaient	je fuis tu fuis il fuit n. fuîmes v. fuîtes ils fuirent	je fuirai tu fuiras il fuira n. fuirons v. fuirez ils fuiront
㉔ **lire** lisant lu	je lis tu lis il lit n. lisons v. lisez ils lisent	je lisais tu lisais il lisait n. lisions v. lisiez ils lisaient	je lus tu lus il lut n. lûmes v. lûtes ils lurent	je lirai tu liras il lira n. lirons v. lirez ils liront
㉕ **manger** mangeant mangé	je mange tu manges il mange n. mangeons v. mangez ils mangent	je mangeais tu mangeais il mangeait n. mangions v. mangiez ils mangeaient	je mangeai tu mangeas il mangea n. mangeâmes v. mangeâtes ils mangèrent	je mangerai tu mangeras il mangera n. mangerons v. mangerez ils mangeront
㉖ **mettre** mettant mis	je mets tu mets il met n. mettons v. mettez ils mettent	je mettais tu mettais il mettait n. mettions v. mettiez ils mettaient	je mis tu mis il mit n. mîmes v. mîtes ils mirent	je mettrai tu mettras il mettra n. mettrons v. mettrez ils mettront
㉗ **mourir** mourant mort	je meurs tu meurs il meurt n. mourons v. mourez ils meurent	je mourais tu mourais il mourait n. mourions v. mouriez ils mouraient	je mourus tu mourus il mourut n. mourûmes v. mourûtes ils moururent	je mourrai tu mourras il mourra n. mourrons v. mourrez ils mourront

条件法	接続法		命令法	同型
現在	現在	半過去		
j' enverrais tu enverrais il enverrait n. enverrions v. enverriez ils enverraient	j' envoie tu envoies il envoie n. envoyions v. envoyiez ils envoient	j' envoyasse tu envoyasses il envoyât n. envoyassions v. envoyassiez ils envoyassent	envoie envoyons envoyez	renvoyer
je ferais tu ferais il ferait n. ferions v. feriez ils feraient	je fasse tu fasses il fasse n. fassions v. fassiez ils fassent	je fisse tu fisses il fît n. fissions v. fissiez ils fissent	fais faisons faites	défaire refaire satisfaire
il faudrait	il faille	il fallût		
je fuirais tu fuirais il fuirait n. fuirions v. fuiriez ils fuiraient	je fuie tu fuies il fuie n. fuyions v. fuyiez ils fuient	je fuisse tu fuisses il fuît n. fuissions v. fuissiez ils fuissent	fuis fuyons fuyez	s'enfuir
je lirais tu lirais il lirait n. lirions v. liriez ils liraient	je lise tu lises il lise n. lisions v. lisiez ils lisent	je lusse tu lusses il lût n. lussions v. lussiez ils lussent	lis lisons lisez	élire relire
je mangerais tu mangerais il mangerait n. mangerions v. mangeriez ils mangeraient	je mange tu manges il mange n. mangions v. mangiez ils mangent	je mangeasse tu mangeasses il mangeât n. mangeassions v. mangeassiez ils mangeassent	mange mangeons mangez	changer déranger nager obliger partager voyager
je mettrais tu mettrais il mettrait n. mettrions v. mettriez ils mettraient	je mette tu mettes il mette n. mettions v. mettiez ils mettent	je misse tu misses il mît n. missions v. missiez ils missent	mets mettons mettez	admettre commettre permettre promettre remettre
je mourrais tu mourrais il mourrait n. mourrions v. mourriez ils mourraient	je meure tu meures il meure n. mourions v. mouriez ils meurent	je mourusse tu mourusses il mourût n. mourussions v. mourussiez ils mourussent	meurs mourons mourez	

不定法 現在分詞 過去分詞	直説法			
	現在	半過去	単純過去	単純未来
㉘ **naître** naissant né	je nais tu nais il naît n. naissons v. naissez ils naissent	je naissais tu naissais il naissait n. naissions v. naissiez ils naissaient	je na**qu**is tu na**qu**is il na**qu**it n. na**qu**îmes v. na**qu**îtes ils na**qu**irent	je naîtrai tu naîtras il naîtra n. naîtrons v. naîtrez ils naîtront
㉙ **ouvrir** ouvrant ouvert	j' ouv**r**e tu ouv**r**es il ouv**r**e n. ouvrons v. ouvrez ils ouvrent	j' ouvrais tu ouvrais il ouvrait n. ouvrions v. ouvriez ils ouvraient	j' ouvris tu ouvris il ouvrit n. ouvrîmes v. ouvrîtes ils ouvrirent	j' ouvrirai tu ouvriras il ouvrira n. ouvrirons v. ouvrirez ils ouvriront
㉚ **partir** partant parti	je pars tu pars il part n. partons v. partez ils partent	je partais tu partais il partait n. partions v. partiez ils partaient	je partis tu partis il partit n. partîmes v. partîtes ils partirent	je partirai tu partiras il partira n. partirons v. partirez ils partiront
㉛ **payer** payant payé	je paie [pɛ] tu paies il paie n. payons v. payez ils paient ---- je paye [pɛj] tu payes il paye n. payons v. payez ils payent	je payais tu payais il payait n. payions v. payiez ils payaient	je payai tu payas il paya n. payâmes v. payâtes ils payèrent	je paierai tu paieras il paiera n. paierons v. paierez ils paieront ---- je payerai tu payeras il payera n. payerons v. payerez ils payeront
㉜ **placer** plaçant placé	je place tu places il place n. pla**ç**ons v. placez ils placent	je pla**ç**ais tu pla**ç**ais il pla**ç**ait n. placions v. placiez ils pla**ç**aient	je pla**ç**ai tu pla**ç**as il pla**ç**a n. pla**ç**âmes v. pla**ç**âtes ils placèrent	je placerai tu placeras il placera n. placerons v. placerez ils placeront
㉝ **plaire** plaisant plu	je plais tu plais il plaît n. plaisons v. plaisez ils plaisent	je plaisais tu plaisais il plaisait n. plaisions v. plaisiez ils plaisaient	je plus tu plus il plut n. plûmes v. plûtes ils plurent	je plairai tu plairas il plaira n. plairons v. plairez ils plairont
㉞ **pleuvoir** pleuvant plu	il pleut	il pleuvait	il plut	il pleuvra

条件法	接続法		命令法	同型
現在	現在	半過去		
je naîtrais tu naîtrais il naîtrait n. naîtrions v. naîtriez ils naîtraient	je naisse tu naisses il naisse n. naissions v. naissiez ils naissent	je naquisse tu naquisses il naquît n. naquissions v. naquissiez ils naquissent	nais naissons naissez	
j' ouvrirais tu ouvrirais il ouvrirait n. ouvririons v. ouvririez ils ouvriraient	j' ouvre tu ouvres il ouvre n. ouvrions v. ouvriez ils ouvrent	j' ouvrisse tu ouvrisses il ouvrît n. ouvrissions v. ouvrissiez ils ouvrissent	ouvre ouvrons ouvrez	couvrir découvrir offrir souffrir
je partirais tu partirais il partirait n. partirions v. partiriez ils partiraient	je parte tu partes il parte n. partions v. partiez ils partent	je partisse tu partisses il partît n. partissions v. partissiez ils partissent	pars partons partez	dormir ressortir sentir servir sortir
je paierais tu paierais il paierait n. paierions v. paieriez ils paieraient	je paie tu paies il paie n. payions v. payiez ils paient	je payasse tu payasses il payât n. payassions v. payassiez ils payassent	paie payons payez	effrayer essayer
je payerais tu payerais il payerait n. payerions v. payeriez ils payeraient	je paye tu payes il paye n. payions v. payiez ils payent		paye payons payez	
je placerais tu placerais il placerait n. placerions v. placeriez ils placeraient	je place tu places il place n. placions v. placiez ils placent	je plaçasse tu plaçasses il plaçât n. plaçassions v. plaçassiez ils plaçassent	place plaçons placez	annoncer avancer commencer forcer lancer prononcer
je plairais tu plairais il plairait n. plairions v. plairiez ils plairaient	je plaise tu plaises il plaise n. plaisions v. plaisiez ils plaisent	je plusse tu plusses il plût n. plussions v. plussiez ils plussent	plais plaisons plaisez	complaire déplaire (se) taire 注 過去分詞 plu は不変
il pleuvrait	il pleuve	il plût		

不定法 現在分詞 過去分詞	直 説 法			
	現 在	半過去	単純過去	単純未来
㉟ **pouvoir** pouvant pu	je peux (puis) tu peux il peut n. pouvons v. pouvez ils peuvent	je pouvais tu pouvais il pouvait n. pouvions v. pouviez ils pouvaient	je pus tu pus il put n. pûmes v. pûtes ils purent	je pourrai tu pourras il pourra n. pourrons v. pourrez ils pourront
㊱ **préférer** préférant préféré	je préfère tu préfères il préfère n. préférons v. préférez ils préfèrent	je préférais tu préférais il préférait n. préférions v. préfériez ils préféraient	je préférai tu préféras il préféra n. préférâmes v. préférâtes ils préférèrent	je préférerai tu préféreras il préférera n. préférerons v. préférerez ils préféreront
㊲ **prendre** prenant pris	je prends tu prends il prend n. prenons v. prenez ils prennent	je prenais tu prenais il prenait n. prenions v. preniez ils prenaient	je pris tu pris il prit n. prîmes v. prîtes ils prirent	je prendrai tu prendras il prendra n. prendrons v. prendrez ils prendront
㊳ **recevoir** recevant reçu	je reçois tu reçois il reçoit n. recevons v. recevez ils reçoivent	je recevais tu recevais il recevait n. recevions v. receviez ils recevaient	je reçus tu reçus il reçut n. reçûmes v. reçûtes ils reçurent	je recevrai tu recevras il recevra n. recevrons v. recevrez ils recevront
㊴ **rendre** rendant rendu	je rends tu rends il rend n. rendons v. rendez ils rendent	je rendais tu rendais il rendait n. rendions v. rendiez ils rendaient	je rendis tu rendis il rendit n. rendîmes v. rendîtes ils rendirent	je rendrai tu rendras il rendra n. rendrons v. rendrez ils rendront
㊵ **résoudre** résolvant résolu	je résous tu résous il résout n. résolvons v. résolvez ils résolvent	je résolvais tu résolvais il résolvait n. résolvions v. résolviez ils résolvaient	je résolus tu résolus il résolut n. résolûmes v. résolûtes ils résolurent	je résoudrai tu résoudras il résoudra n. résoudrons v. résoudrez ils résoudront
㊶ **rire** riant ri	je ris tu ris il rit n. rions v. riez ils rient	je riais tu riais il riait n. riions v. riiez ils riaient	je ris tu ris il rit n. rîmes v. rîtes ils rirent	je rirai tu riras il rira n. rirons v. rirez ils riront
㊷ **savoir** sachant su	je sais tu sais il sait n. savons v. savez ils savent	je savais tu savais il savait n. savions v. saviez ils savaient	je sus tu sus il sut n. sûmes v. sûtes ils surent	je saurai tu sauras il saura n. saurons v. saurez ils sauront

条件法	接続法		命令法	同型
現在	現在	半過去		
je pourrais tu pourrais il pourrait n. pourrions v. pourriez ils pourraient	je puisse tu puisses il puisse n. puissions v. puissiez ils puissent	je pusse tu pusses il pût n. pussions v. pussiez ils pussent		
je préférerais tu préférerais il préférerait n. préférerions v. préféreriez ils préféreraient	je préfère tu préfères il préfère n. préférions v. préfériez ils préfèrent	je préférasse tu préférasses il préférât n. préférassions v. préférassiez ils préférassent	préfère préférons préférez	céder considérer espérer pénétrer posséder répéter
je prendrais tu prendrais il prendrait n. prendrions v. prendriez ils prendraient	je prenne tu prennes il prenne n. prenions v. preniez ils prennent	je prisse tu prisses il prît n. prissions v. prissiez ils prissent	prends prenons prenez	apprendre comprendre entreprendre reprendre surprendre
je recevrais tu recevrais il recevrait n. recevrions v. recevriez ils recevraient	je reçoive tu reçoives il reçoive n. recevions v. receviez ils reçoivent	je reçusse tu reçusses il reçût n. reçussions v. reçussiez ils reçussent	reçois recevons recevez	apercevoir concevoir décevoir
je rendrais tu rendrais il rendrait n. rendrions v. rendriez ils rendraient	je rende tu rendes il rende n. rendions v. rendiez ils rendent	je rendisse tu rendisses il rendît n. rendissions v. rendissiez ils rendissent	rends rendons rendez	attendre descendre entendre perdre répondre vendre
je résoudrais tu résoudrais il résoudrait n. résoudrions v. résoudriez ils résoudraient	je résolve tu résolves il résolve n. résolvions v. résolviez ils résolvent	je résolusse tu résolusses il résolût n. résolussions v. résolussiez ils résolussent	résous résolvons résolvez	
je rirais tu rirais il rirait n. ririons v. ririez ils riraient	je rie tu ries il rie n. riions v. riiez ils rient	je risse tu risses il rît n. rissions v. rissiez ils rissent	ris rions riez	sourire 注 過去分詞 ri は不変
je saurais tu saurais il saurait n. saurions v. sauriez ils sauraient	je sache tu saches il sache n. sachions v. sachiez ils sachent	je susse tu susses il sût n. sussions v. sussiez ils sussent	sache sachons sachez	

不定法 現在分詞 過去分詞	直　説　法			
	現　在	半過去	単純過去	単純未来
㊸ **suffire** suffisant suffi	je suffis tu suffis il suffit n. suffisons v. suffisez ils suffisent	je suffisais tu suffisais il suffisait n. suffisions v. suffisiez ils suffisaient	je suffis tu suffis il suffit n. suffîmes v. suffîtes ils suffirent	je suffirai tu suffiras il suffira n. suffirons v. suffirez ils suffiront
㊹ **suivre** suivant suivi	je suis tu suis il suit n. suivons v. suivez ils suivent	je suivais tu suivais il suivait n. suivions v. suiviez ils suivaient	je suivis tu suivis il suivit n. suivîmes v. suivîtes ils suivirent	je suivrai tu suivras il suivra n. suivrons v. suivrez ils suivront
㊺ **vaincre** vainquant vaincu	je vaincs tu vaincs il vainc n. vainquons v. vainquez ils vainquent	je vainquais tu vainquais il vainquait n. vainquions v. vainquiez ils vainquaient	je vainquis tu vainquis il vainquit n. vainquîmes v. vainquîtes ils vainquirent	je vaincrai tu vaincras il vaincra n. vaincrons v. vaincrez ils vaincront
㊻ **valoir** valant valu	je vaux tu vaux il vaut n. valons v. valez ils valent	je valais tu valais il valait n. valions v. valiez ils valaient	je valus tu valus il valut n. valûmes v. valûtes ils valurent	je vaudrai tu vaudras il vaudra n. vaudrons v. vaudrez ils vaudront
㊼ **venir** venant venu	je viens tu viens il vient n. venons v. venez ils viennent	je venais tu venais il venait n. venions v. veniez ils venaient	je vins tu vins il vint n. vînmes v. vîntes ils vinrent	je viendrai tu viendras il viendra n. viendrons v. viendrez ils viendront
㊽ **vivre** vivant vécu	je vis tu vis il vit n. vivons v. vivez ils vivent	je vivais tu vivais il vivait n. vivions v. viviez ils vivaient	je vécus tu vécus il vécut n. vécûmes v. vécûtes ils vécurent	je vivrai tu vivras il vivra n. vivrons v. vivrez ils vivront
㊾ **voir** voyant vu	je vois tu vois il voit n. voyons v. voyez ils voient	je voyais tu voyais il voyait n. voyions v. voyiez ils voyaient	je vis tu vis il vit n. vîmes v. vîtes ils virent	je verrai tu verras il verra n. verrons v. verrez ils verront
㊿ **vouloir** voulant voulu	je veux tu veux il veut n. voulons v. voulez ils veulent	je voulais tu voulais il voulait n. voulions v. vouliez ils voulaient	je voulus tu voulus il voulut n. voulûmes v. voulûtes ils voulurent	je voudrai tu voudras il voudra n. voudrons v. voudrez ils voudront

条件法	接続法		命令法	同型
現在	現在	半過去		
je suffirais tu suffirais il suffirait n. suffirions v. suffiriez ils suffiraient	je suffise tu suffises il suffise n. suffisions v. suffisiez ils suffisent	je suffisse tu suffisses il suffît n. suffissions v. suffissiez ils suffissent	suffis suffisons suffisez	注 過去分詞 suffi は不変
je suivrais tu suivrais il suivrait n. suivrions v. suivriez ils suivraient	je suive tu suives il suive n. suivions v. suiviez ils suivent	je suivisse tu suivisses il suivît n. suivissions v. suivissiez ils suivissent	suis suivons suivez	poursuivre
je vaincrais tu vaincrais il vaincrait n. vaincrions v. vaincriez ils vaincraient	je vainque tu vainques il vainque n. vainquions v. vainquiez ils vainquent	je vainquisse tu vainquisses il vainquît n. vainquissions v. vainquissiez ils vainquissent	vaincs vainquons vainquez	convaincre
je vaudrais tu vaudrais il vaudrait n. vaudrions v. vaudriez ils vaudraient	je vaille tu vailles il vaille n. valions v. valiez ils vaillent	je valusse tu valusses il valût n. valussions v. valussiez ils valussent		
je viendrais tu viendrais il viendrait n. viendrions v. viendriez ils viendraient	je vienne tu viennes il vienne n. venions v. veniez ils viennent	je vinsse tu vinsses il vînt n. vinssions v. vinssiez ils vinssent	viens venons venez	appartenir devenir obtenir revenir (se) souvenir tenir
je vivrais tu vivrais il vivrait n. vivrions v. vivriez ils vivraient	je vive tu vives il vive n. vivions v. viviez ils vivent	je vécusse tu vécusses il vécût n. vécussions v. vécussiez ils vécussent	vis vivons vivez	survivre
je verrais tu verrais il verrait n. verrions v. verriez ils verraient	je voie tu voies il voie n. voyions v. voyiez ils voient	je visse tu visses il vît n. vissions v. vissiez ils vissent	vois voyons voyez	entrevoir revoir
je voudrais tu voudrais il voudrait n. voudrions v. voudriez ils voudraient	je veuille tu veuilles il veuille n. voulions v. vouliez ils veuillent	je voulusse tu voulusses il voulût n. voulussions v. voulussiez ils voulussent	veuille veuillons veuillez	

◆ 動詞変化に関する注意

不定法
-er
-ir
-re
-oir

	直説法現在		直・半過去	直・単純未来	条・現在
je	-e	-s	-ais	-rai	-rais
tu	-es	-s	-ais	-ras	-rais
il	-e	-t	-ait	-ra	-rait
nous	-ons		-ions	-rons	-rions
vous	-ez		-iez	-rez	-riez
ils	-ent		-aient	-ront	-raient

現在分詞
-ant

	直・単純過去			接・現在	接・半過去	命令法	
je	-ai	-is	-us	-e	-sse		
tu	-as	-is	-us	-es	-sses	-e	-s
il	-a	-it	-ut	-e	-̂t		
nous	-âmes	-îmes	-ûmes	-ions	-ssions	-ons	
vous	-âtes	-îtes	-ûtes	-iez	-ssiez	-ez	
ils	-èrent	-irent	-urent	-ent	-ssent		

〔複合時制〕

直　説　法	条　件　法
複合過去（助動詞の直・現在＋過去分詞）	過　去（助動詞の条・現在＋過去分詞）
大　過　去（助動詞の直・半過去＋過去分詞）	接　続　法
前　過　去（助動詞の直・単純過去＋過去分詞）	過　去（助動詞の接・現在＋過去分詞）
前　未　来（助動詞の直・単純未来＋過去分詞）	大過去（助動詞の接・半過去＋過去分詞）

* **現在分詞**は，通常，直説法・現在1人称複数の語尾 -ons を -ant に変えて作ることができる．(nous connaissons → connaissant)
* **直説法・半過去**の1人称単数は，通常，直説法・現在1人称複数の語尾 -ons を -ais に変えて作ることができる．(nous buvons → je buvais)
* **直説法・単純未来**と**条件法・現在**は，通常，不定法から作ることができる．
  （単純未来：aimer → j'aimerai　finir → je finirai　écrire → j'écrirai）
  　　ただし，-oir 型動詞の語幹は不規則．(pouvoir → je pourrai　savoir → je saurai)
* **接続法・現在**の1人称単数は，通常，直説法・現在3人称複数の語尾 -ent を -e に変えて作ることができる．(ils finissent → je finisse)
* **命令法**は，直説法・現在の2人称単数，1人称複数，2人称複数から，それぞれの主語 tu, nous, vous を取って作ることができる．（ただし，tu -es → -e　tu vas → va）
  　　avoir, être, savoir, vouloir の命令法は接続法・現在から作る．